何为中国式现代化

任仲文 ◎ 编

人民日报出版社
北京

图书在版编目（CIP）数据

何为中国式现代化 / 任仲文编. -- 北京：人民日报出版社, 2022.3
ISBN 978-7-5115-7268-4

Ⅰ.①何… Ⅱ.①任… Ⅲ.①现代化建设—中国—干部教育—教学参考资料 Ⅳ.①D61

中国版本图书馆CIP数据核字(2022)第023484号

书　　名：	何为中国式现代化
	HEWEI ZHONGGUOSHI XIANDAIHUA
作　　者：	任仲文
出 版 人：	刘华新
策 划 人：	欧阳辉
责任编辑：	曹　腾　季　玮
装帧设计：	元泰书装
出版发行：	人民日报出版社
社　　址：	北京金台西路2号
邮政编码：	100733
发行热线：	（010）65369509　65369512　65363531　65363528
邮购热线：	（010）65369530　65363527
编辑热线：	（010）65369523
网　　址：	www.peopledailypress.com
经　　销：	新华书店
印　　刷：	大厂回族自治县彩虹印刷有限公司
法律顾问：	北京科宇律师事务所　010-83622312
开　　本：	710mm×1000mm　　1/16
字　　数：	150千字
印　　张：	16.25
版　　次：	2022年3月第1版
印　　次：	2022年3月第1次印刷
书　　号：	ISBN 978-7-5115-7268-4
定　　价：	48.00元

前　言

党的十九届六中全会通过的《中共中央关于党的百年奋斗重大成就和历史经验的决议》指出:"党领导人民成功走出中国式现代化道路,创造了人类文明新形态"。

一百年来,中国共产党立足中国国情,把握经济社会发展规律,在中国大地上探寻适合自己的道路和方法,全面建成小康社会,走出了一条中国式现代化道路。这条现代化道路不同于西方现代化模式,既符合中国实际、体现中国特色社会主义建设规律,又紧跟时代潮流、体现世界现代化规律和人类社会发展规律。

中国式现代化立足中国又面向世界,坚持以马克思主义为指导,坚持以中国共产党为最高政治领导力量,坚持走中国特色社会主义道路,坚持以人民为中心,尽力建成富强民主文明和谐美丽的社会主义现代化强国、奋力实现中华民族伟大复兴的中国梦，用力实现全体人民共同富裕、促进人的全面发展，努力促进世界和平与发展，具有鲜明的时代特征和中国特色。

中国式现代化是人口规模巨大的现代化，是全体人民共同富裕的现代化，是物质文明和精神文明相协调的现代化，是人与自然和谐共生的现代化，是走和平发展道路的现代化。中国式现代化创造了人类文明新形态，拓展了发展中国家走向现代化的途径，给世界上那些既希望加快发展又希望保持自身独立性的国家和民族提供了全新选择。

为了帮助广大读者更好理解和把握中国式现代化，奋进新征程、建功新时代，人民日报出版社汇编了《何为中国式现代化》一书。由于时间仓促，汇编过程中难免挂一漏万，敬请大家指正，以期不断完善。

目 录

读懂中国式现代化

中国共产党与中国式现代化
.... 秦　宣 / 006

理解中国式现代化新道路需要把握的几对重要关系
.... 刘同舫 / 014

中国式现代化新道路是人类发展史上的伟大创造
.... 陈曙光 / 023

人类现代化实践的中国方案
.... 邹广文 / 033

中国式现代化道路与人类文明新形态
.... 孙代尧 / 041

人口规模巨大的现代化

人类历史上前所未有的壮举
.... 张车伟 / 067

更加重视人的全面发展
.... 孙来斌 / 075

不断增进人民福祉
.... 黄　海 / 079

全体人民共同富裕的现代化

坚定不移走共同富裕道路
.... 艾四林 / 097

让发展成果更多更公平惠及全体人民
.... 何传启 / 106

接续推进脱贫地区发展和群众生活改善
.... 张欣怡 / 111

目 录

物质文明和精神文明相协调的现代化

推动"两个文明"协调发展
…………………………………………………… 欧阳雪梅 / 128

中国式现代化的鲜明特征
…………………………………………… 沈壮海　刘　灿 / 135

走"两个文明"都搞好的现代化之路
…………………………………………………… 韩翌旸 / 140

人与自然和谐共生的现代化

推动经济社会发展全面绿色转型
………………………… 生态环境部党组理论学习中心组 / 161

不断提升生态总价值
…………………………………………………… 李宏伟 / 169

把保护城市生态环境摆在更加突出位置
…………………………………………………… 欧阳志云 / 172

走和平发展道路的现代化

发展自身造福世界的现代化之路
......林松添 / 192

与世界共同繁荣发展
......陈东晓 / 200

坚定不移走和平发展道路
......佟德志 / 204

走好中国式现代化道路

走好中国式现代化新道路
......韩保江 / 223

走中国式现代化新道路
......黄 罡 / 228

走出中国式现代化道路
......陈光俊 / 231

以中国式现代化推进中华民族伟大复兴
......陈金龙 / 234

读懂中国式现代化

世界上不存在定于一尊的现代化模式，不存在放之四海而皆准的现代化标准。我国现代化既有各国现代化的共同特征，更有基于国情的中国特色。我国的现代化是人口规模巨大的现代化，是全体人民共同富裕的现代化，是物质文明和精神文明相协调的现代化，是人与自然和谐共生的现代化，是走和平发展道路的现代化，要坚定不移推进中国式现代化，以中国式现代化推进中华民族伟大复兴，不断为人类作出新的更大贡献。

将彻底改写现代化的世界版图

现代化是人类社会发展的大趋势,但世界上不存在定于一尊的现代化模式,不存在放之四海而皆准的现代化标准。

鸦片战争后,中国人民和无数仁人志士不屈不挠,苦苦寻求中国现代化之路。新中国成立后,我们党孜孜以求,带领人民对中国现代化建设进行了艰辛探索,为实现"四个现代化"目标进行了不懈奋斗。改革开放后,我们按照"三步走"发展战略不断推进社会主义现代化进程,先后实现了解决人民温饱问题、人民生活总体上达到小康水平的发展目标，又经过本世纪头二十年的努力实现了全面建成小康社会目标。

综合分析国际国内形势和我国发展条件，习近平总书记在党的十九大上对实现第二个百年奋斗目标作出分两个阶段推进的战略安排，提出到2035年基本实现社会主义现代化，到本世纪中叶把我国建成富强民主文明和谐美丽的社会主义现代化强国。基于对人类社会发展规律的深刻认识和对我国国情的科学把握，习近平总书记指出，我们所推进的现代化，既有各国现代化的共同特征，更有基于国情的中国特色，我国现代化是人口规模巨大的现代化，是全体人民共同富裕的现代化，是物质文明和精神文明相协调的现代化，是人与自然和谐共生的现代化，是走和平发展道路的现代化，要坚定不移推进中国式现代化，以中国式现代化推进中华民族伟大复兴，不断为人类作出新的更大贡献。围绕全面建成社会主义现代化强国这一总目标，习近平总书记还提出建设科技强国、制造强国、质量强国、网络强国、交通强国、数字中国，建成文化强国、教育强国、人才强国、体育强国、健康中国等目标；提出坚持以人民为中心的发展思想，推动人的全面发展、全体人民共同富裕取得更为明显的实质性进展；提出立足新发展阶段、贯彻新发展理念、构建新发展格局、推动高质量发展，统筹发展和安全；等等。

这些重要思想，科学总结了我们党关于社会主义现代化建设的宝贵经验，积极借鉴了世界其他国家现代化建设的经验教训，深刻回答了建设什么样的社会主义现代化强国、怎样建设社会主义现代化强国的重大时代课题，深化拓展了建设社会主义现代化强国的科学内涵，明确了实现这一目标的路径选择、重要原则、战略安排，是引领我们实现第二个百年奋斗目标的科学指南和行动纲领。

展望本世纪中叶，我国十几亿人口将整体迈入现代化社会，将彻底改写现代化的世界版图，在人类历史上是一件有深远意义的大事。中国式现代化的理论和实践，创造了人类文明新形态，拓展了人类走向现代化的途径，给世界上那些既希望加快发展又希望保持自身独立性的国家和民族提供了全新选择，为解决人类重大问题贡献了中国智慧、中国方案、中国力量。

中国共产党与中国式现代化

秦 宣

1921年中国共产党的成立,是开天辟地的大事变。中国共产党成立100年来,团结带领中国人民经过艰辛探索、接续奋斗,推动我国社会主义现代化建设取得举世瞩目的成就。今天,我们党带领中国人民踏上了全面建设社会主义现代化国家新征程。

中国共产党于民族危难之际开启中国现代化征程

中国是一个历史悠久、文化灿烂的文明古国,在历史上曾长期走在世界前列,勤劳、勇敢、智慧的中国人民为人类文明进步作出了卓越贡献。近代以后，由于种种原因，中国陷入积贫积弱、内忧外患的境地，中华民族面临亡国灭种的危机，也使中国人民清醒地认识到中国的落后状况，从而开始寻求变革、谋求自强，探索现代化道路。

在那个西方列强侵略、战乱不止、社会动荡、人民流离失所的年代，为了挽救民族危亡、实现民族振兴，中国人民和无数仁人志士进行了千辛万苦的探索和可歌可泣的斗争。辛亥革命之前，太平天国运动、洋务运动、戊戌变法、义和团运动、清末新政等都未能取得成功。辛亥革命虽然结束了统治中国几千年的君主专制制度，但也未能改变中国半殖民地半封建的社会性质和中国人民的悲惨命运。辛亥革命之后，中国尝试过君主立宪制、议会制、多党制、总统制等各种形式，各种政治势力及其代表人物纷纷登场，但都没能找到正确答案，中国人民依然生活在苦难和屈辱之中。事实证明，不触动旧的社会根基的自强运动，各种名目的改良主义，旧式农民战争，资产阶级革命派领导的民主主义革命，照搬西方政治制度模式的各种方案，都不能完成中华民族救亡图存和反帝反封建的历史任务，都不能让中国的政局和社会稳定下来，也都谈不上为中国实现国家富强、人民幸福提供制度保障。

在中国积贫积弱、内忧外患时期，各种主义和思潮都进行过尝试，资本主义道路没有走通，其他各种"主义"也都没能解决中国的前途命运问题，更谈不上为中国现代化提供科学理论指导。十月革命一声炮响，为中国送来了马克思列宁主义，为中华民族复兴和中国实现现代化指明了方向。

中国共产党就是在中华民族面临生死存亡的关键时刻走上历史舞台的。自成立之日起，中国共产党就坚持以马克思主义科学理论为指导，以实现共产主义为最高理想和最终目标，以为中国人民谋幸福、为中华民族谋复兴为初心和使命，为"索我理想之中华"而矢志不渝，带领中国人民为实现民族独立、人民解放和国家富强、人民幸福而前赴后继、流血牺牲，终于推翻了帝国主义、封建主义、官僚资本主义三座大山，建立了人民当家作主的新中国，从根本上改变了中国人民和中华民族的前途命运，不可逆转地结束了近代以后中国内忧外患、积贫积弱的悲惨命运，开启了中国现代化的伟大征程。

中国式现代化形成于中国共产党人持续探索过程中

不同国家由于历史文化、基本国情、历史使命不同，选择的现代化道路也会有所不同。新中国成立后，中国共产党带领中国人民持续探索中国式现代化道路，取得了举世瞩目的伟大成就，创造了经济快速发展奇迹和社会长期稳定奇迹，并拓展了发展中国家走向现代化的途径。

新中国成立之前，在党的七届二中全会上，毛泽东同志就向全党提出"使中国稳步地由农业国转变为工业国，把中国建设成一个伟大的社会主义国家"的历史任务。新中国成立后，我们党对社会主义现代化建设进行了艰辛探索。毛泽东同志提出，我们的任务"就是要安下心来，使我们可以建设我们国家现代化的工业、现代化的农业、现代化的科学文化和现代化的国防"。

党的十一届三中全会以后，我国社会主义现代化建设进入一个新的历史时期。邓小平同志强调，能否实现现代化，"决定着我们国家的命运、民族的命运""我们搞的现代化，是中国式的现代化。我们建设的社会主义，是有中国特色的社会主义"。在中国共产党的领导下，我们成功走出了中国式现代化道路。这条现代化道路立足中国又面向世界，坚持以马克思主义为指导，坚持以中国共产党为最高政治领导力量，坚持走中国特色社会主义道路，坚持以人民为中心，努力建设富强民主文明和谐美丽的社会主义现代化强国、实现中华民族伟大复兴，努力实现全体人民共同富裕、促进人的全面发展，努力促进世界和平与发展，具有鲜明的时代特征和中国特色。这条现代化道路既符合中国实际、体现中国特色社会主义建设规律，又紧跟时代潮流、体现世界现代化规律和人类社会发展规律。

何为中国式现代化

中国的现代化进程并非一帆风顺，但在中国共产党的坚强领导下，在几代中国人的共同努力下，中国从"落后于时代"到"赶上时代"，再到"引领时代"，中国式现代化道路越走越宽广。中国从积贫积弱迈向繁荣富强，成为世界第二大经济体，经济实力、科技实力、综合国力大幅跃升；中国人民生活从温饱不足迈向全面小康，幸福指数不断提高；中国从传统农业大国发展为工业大国，工业化程度越来越高，成为制造业第一大国；中国从封闭半封闭走向全方位开放，深度参与经济全球化，对人类文明的贡献越来越大；中国日益走近世界舞台的中央，国际影响力显著提升。

中国人民在中国共产党的领导下，用几十年时间走完了发达国家几百年走过的工业化历程，创造了举世瞩目的发展奇迹。中国式现代化的成功实践表明，西方现代化道路并非人类通向现代化的唯一道路，中国式现代化道路拓展了发展中国家走向现代化的途径，给世界上那些既希望加快发展又希望保持自身独立性的国家和民族提供了全新选择。

全面建设社会主义现代化国家必须坚持和加强党的全面领导

党的十九大对实现第二个百年奋斗目标作出分两个阶段推进

的战略安排，即到 2035 年基本实现社会主义现代化，到本世纪中叶把我国建成富强民主文明和谐美丽的社会主义现代化强国。党的十九届五中全会立足新发展阶段的实际，更加具体地提出到 2035 年基本实现社会主义现代化的远景目标。全面建设社会主义现代化国家，必须坚持和加强党的全面领导。

中国要实现的现代化，是人口规模巨大的现代化，是全体人民共同富裕的现代化，是物质文明和精神文明相协调的现代化，是人与自然和谐共生的现代化，是走和平发展道路的现代化。实现这样的现代化是全体中华儿女的共同愿望，也是中国共产党人的理想和追求、责任和担当。实现这样的现代化，必须有"主心骨"，有坚强的领导核心。在当代中国，这个核心只能是作为最高政治领导力量的中国共产党。习近平总书记强调："历史已经并将继续证明，没有中国共产党的领导，民族复兴必然是空想。"因此，全面建设社会主义现代化国家，必须坚持和加强党的全面领导，增强"四个意识"、坚定"四个自信"、做到"两个维护"。

坚持和加强党的全面领导，必须全面推进党的建设新的伟大工程。当前和今后一个时期，我国发展仍然处于重要战略机遇期，但机遇和挑战都有新的发展变化，我国面临的国内外环境正在发生广泛而深刻的变化。虽然我国有独特的政治优势、制度优势、发展优势和机遇优势，全面建设社会主义现代化国家具备诸多有利条件，但发展不平衡不充分问题仍然突出，推进现代化建设所要完成的历史任务仍然十分艰巨，改革发展稳定中所面临的矛盾、困难和风险仍然十分复杂，这对党的执政能力和领导水平都提出了新的要求。当前，党的建设还面临一系列新情况新问题新挑战，落实党要管党、全面从严治党的任务比以往任何时候都更为繁重、更为紧迫。要确保党在世界形势深刻变化的历史进程中始终走在时代前列，在应对国内外各种风险和考验的历史进程中始终成为全国人民的主心骨，在坚持和发展中国特色社会主义的历史进程中始终成为坚强领导核心，必须以自我革命精神加强党的建设，不断增强党自我净化、自我完善、自我革新、自我提高能力。

在庆祝中国共产党成立 100 周年之际，我们需要胸怀中华民族伟大复兴战略全局和世界百年未有之大变局，认真总结中国共产党领导中国式现代化的宝贵经验，将其上升到理论高度，不断丰富马克思主义现代化理论宝库；坚定不移推进现代化建设，以中国式现代化推进中华民族伟大复兴，不断为人类作出新的更大的贡献，充分彰显中国式现代化的特色和优势。站在"两个一百年"奋斗目标历史交汇的关键节点，我们要不断提高政治判断力、政治领悟力、政治执行力，不断提高把握新发展阶段、贯彻新发展理念、构建新发展格局的政治能力、战略眼光、专业水平,确保到2035年基本实现社会主义现代化、到本世纪中叶把我国建成富强民主文明和谐美丽的社会主义现代化强国。

《人民日报》(2021年04月20日)

理解中国式现代化新道路
需要把握的几对重要关系

刘同舫

习近平总书记在庆祝中国共产党成立100周年大会上的重要讲话中指出:"我们坚持和发展中国特色社会主义,推动物质文明、政治文明、精神文明、社会文明、生态文明协调发展,创造了中国式现代化新道路,创造了人类文明新形态。"走自己的路,是党的全部理论和实践立足点,更是党百年奋斗得出的历史结论。百年来,中国共产党团结带领广大人民在不懈奋斗中成功开创了中国式现代化新道路,谱写了现代化发展图景的中国篇章。立足中华民族伟大复兴战略全局和世界百年未有之大变局交织激荡的时代背景，向着全面建成社会主义现代化强国的第二个百年奋斗目标迈进，必须走好走稳中国式现代化新道路。科学理解中国式现代化新道路，要准确把握贯穿这条新道路的几对重要关系。

党的领导与人民主体

中国式现代化新道路是在中国共产党坚强领导下，依靠广大人民群众艰苦奋斗而成功探索出来的正确道路。这条道路的开创，有赖于作为领导力量的中国共产党和作为主体力量的中国人民。习近平总书记指出："中国共产党的领导是中国特色社会主义最本质的特征。"党的领导是组织、调动、凝聚广大人民群众智慧和力量的最根本政治保障，是全国各族人民的利益所系、命运所系。没有中国共产党，就没有新中国，就没有中华民族伟大复兴。只有在党的坚强领导下，中国的现代化事业才能迈入快速发展的正确之路。人民群众是历史的创造者，是历史发展的主体力量，是我们党领导现代化建设的最有力依靠和最大底气，党对现代化建设的全面领导和宏伟规划需要通过人民群众的广泛实践和智慧创造才能实现。

理解中国式现代化新道路，必须把握好党的领导与人民主体的关系。中国共产党是中国工人阶级的先锋队，同时是中国人民和中华民族的先锋队,是最广大人民根本利益的代表者,党的领导与人民主体本身具有理论逻辑和历史逻辑的内在统一,坚持党的领导就是维护人民的利益。为此,要发挥好党的领导的最大政治优势,坚持和强化党对现代化建设的集中统一领导,不断提高党科学执政、民主执政、依法执政水平,充分发挥党总揽全局、协调各方的领导核心作用,把坚持党的全面领导这一基本原则贯穿全面建设社会主义现代化国家的全过程、各方面。尊重人民群众的主体地位,充分发挥人民群众的智慧和力量,将实现、维护和发展好人民群众的福祉及利益作为中国式现代化新道路的根本出发点和发展指向,为全面建设社会主义现代化国家提供源源不绝的动力支撑。

守正与创新

历史地看,中国的现代化转型是在批判性继承的基础上综合内外因素的新生与重构。中国式现代化新道路,既不同于西方的资本主义现代化道路,也不同于苏联的社会主义现代化探索,而是在马克思主义指导下,中国历史积淀与人民现实创造相结合的建设性产物。百年来的中国现代化道路求索昭示,只有社会主义才能救中国,只有社会主义才能发展中国,中国式现代化新道路是社会主义现代化发展道路而不是其他什么道路。与此同时，这条新道路在坚持科学社会主义基本原则基础上，又根据时代和实践的发展不断进行改革创新，以新的内涵焕发强大生机活力。

理解中国式现代化新道路，必须把握好守正与创新的关系。习近平总书记指出，"全党要更加自觉地增强道路自信、理论自信、制度自信、文化自信，既不走封闭僵化的老路，也不走改旗易帜的邪路"。"守正"就是坚持现代化发展的正确方向和道路，不走改旗易帜的邪路。方向决定道路、道路决定命运，中国人民要想掌握自己的命运，实现现代化发展夙愿，就必须坚守社会主义之"正"，在现代化建设中始终坚持四项基本原则，把牢社会主义方向和道路。"创新"就是不断为现代化建设注入理论和实践的活力，不走封闭僵化的老路。创新是社会主义现代化建设的内在要求，科学社会主义理论和实践从来都是在打破教条束缚、坚持实事求是中前进的。作为一种社会主义发展道路，中国式现代化新道路是科学社会主义理论逻辑和中国社会发展历史逻辑的辩证统一，我们自主提出并推进改革开放，在经济机制、政治体制、社会运行、文化建设及生态发展上不断推陈出新，及时总结新的生动实践，不断推进理论创新，在发展理念、所有制、分配体制、政府职能等重大问题上提出一系列原创性理论，应对并解答社会主义现代化建设过程中不同阶段的新问题和新挑战，为中国式现代化新道路不断灌注创新活力。

普遍性与特殊性

中国式现代化新道路之所以能够开创并取得成功，一个重要原因在于其既遵循现代化发展的普遍规律，又立足和遵从现实国情的特殊需要，在发展中实现了普遍性与特殊性的有机统一。就普遍性而言，中国式现代化新道路首先是一条通往现代化的道路，因而尊重和符合客观规律是其首要前提。就特殊性而言，中国式现代化新道路带有鲜明的中国特色。习近平总书记指出："当代中国的伟大社会变革，不是简单延续我国历史文化的母版，不是简单套用马克思主义经典作家设想的模板，不是其他国家社会主义实践的再版，也不是国外现代化发展的翻版。"这揭示了中国社会变革之路的原创性特点。

理解中国式现代化新道路，必须把握好普遍性和特殊性的关系。一方面，遵循现代化建设以工业化为基础的普遍规律，努力吸收借鉴一切人类先进文明成果，力戒急于求成、盲目躁进的心理，遵循生产力与生产关系矛盾运动规律，坚持以经济建设为中心，扎扎实实提升生产力发展水平，变"后发优势"为发展优势、"比较优势"为竞争优势，不断夯实现代化建设的基础。另一方面，坚持实事求是，坚定走自己的路的信心和勇气，坚持将马克思主义基本原理与新时代中国特色社会主义具体实际相结合，在总揽新时代社会主义现代化建设实际的基础上，不断发展社会主义民主政治、健全社会主义市场经济、弘扬社会主义先进文化、构建社会主义生态文明，推动构建人类命运共同体，彰显中国式现代化新道路的中国内涵、中国气度、中国风范。

全面性与协调性

从确立"四个现代化"的战略目标到提出建设"小康之家"的设想，从全面建设小康社会到全面建成小康社会再到全面建设社会主义现代化国家，中国共产党和中国人民对社会主义现代化建设规律的认识不断深入。中国式现代化新道路标志着我们对现代化的认识和实践都达到了崭新高度。这一新道路所指向的现代化，是人口规模巨大的现代化、全体人民共同富裕的现代化、物质文明和精神文明相协调的现代化、人与自然和谐共生的现代化、走和平发展道路的现代化，其鲜明特点在于全面性与协调性的有机统一。

理解中国式现代化新道路，必须把握好全面性与协调性的关系。"全面"的目的在于获取现代化发展整体效能的最大化。就实践层面而言,就是要统筹推进"五位一体"总体布局、协调推进"四个全面"战略布局,将政治、经济、文化、社会以及生态等各个领域作为一个整体进行部署,为促进和实现人的自由而全面发展提供坚实条件。"协调"的目的在于找准现代化发展的最优结构。就实践层面而言,就是要运用马克思主义辩证的、联系的、发展的观点,在现代化建设中处理好局部和整体、当前和长远、重点和非重点的关系。特别是要直面制约当代中国经济社会发展不平衡不充分的主要矛盾,以及各方面建设的现实情况,充分贯彻新发展理念,兼顾推进的速度、力度和强度,推动区域协调发展、城乡协调发展、物质文明和精神文明协调发展,打造人与自然和谐共生的美丽中国,在把握平衡、综合施策中寻求现代化的最优结构。

民族性与世界性

中国式现代化新道路是在坚持走自己的路的基础上开辟的,同时也是在与世界现代化整体图景的交融互动中、在不断回应中国与世界的相互关系中发展和壮大起来的。中国式现代化新道路立足中国国情,着重应对和解决中国在现代化道路上面临的实际问题,其底色是中国实践、中国经验,因此其"版权"是中国的、民族的。同时，中国式现代化新道路将人类社会的共同发展作为其重要价值取向，效用和意义超出了民族、国家的边界，具有鲜明的世界历史意蕴。

理解中国式现代化新道路，必须把握好民族性与世界性的关系。其一，"越是民族的，就越是世界的"。中国作为世界上最大的发展中国家，在不依靠、不照搬西方现代化模式的前提下获得了巨大成功，破除了现代化话语中的西方中心主义，改变了长期以来西方现代化模式占主导地位并垄断话语权的格局，充分说明现代化没有固定模式，通向现代化的道路是多元而非一元的。中国式现代化新道路拓展了世界其他发展中国家通往现代化的路径，为那些既希望实现现代化又希望保持自身独立性的国家和民族提供了全新的道路选择，激励发展中国家自主探索符合本国国情的现代化道路。其二，"万物并育而不相害，道并行而不相悖"。中国式现代化新道路与西方现代化道路不是非此即彼的对立关系，而是可以在共存中互为"他山之石"，相互取长补短、互融互促。中国式现代化新道路可以借鉴西方现代化的有益经验用于自身的发展，西方世界也应当在中国式现代化新道路的成功案例中反思和审视自身现代化发展模式的不足。其三，"一枝独秀不是春，百花齐放春满园"。在经济全球化背景下，中国现代化进程是世界现代化进程中不可或缺的一部分，中国理应为构建共同繁荣的全球现代化图景作出更为重要的贡献。我们创造的中国式现代化新道路，坚持构建人类命运共同体，弘扬和平、发展、公平、正义、民主、自由的全人类共同价值，在引领时代潮流和人类文明进步方向，建设持久和平、普遍安全、共同繁荣、开放包容、清洁美丽的世界的进程中扮演着重要角色、承担着重要责任。

  站在全面建设社会主义现代化国家的新起点上，我们必须紧密团结在以习近平同志为核心的党中央周围，在自己选择的道路上昂首阔步走下去，把中国发展进步的命运牢牢掌握在自己手中，为实现新的历史伟业奠定坚强有力的路径基石。

《光明日报》（2021年08月20日）

中国式现代化新道路是人类发展史上的伟大创造

陈曙光

现代化是全人类的共同事业。现代化的发展方向不可逆转，通往现代化的道路可以选择。中国共产党历经百年奋斗，"创造了中国式现代化新道路，创造了人类文明新形态"。中国式现代化新道路是不同于人类过往的伟大创造，是人类历史上最为壮丽的事业。新征程，新使命，我们要继续沿着中国式现代化新道路走下去，走向民族复兴，走向光辉未来。

现代化是全人类的共同事业

现代化作为一种国际潮流，代表着18世纪工业革命以来人类社会发展的趋势。现代化犹如一场国家发展的马拉松，跑在最前面的早已步入发达国家行列，其后的属于发展中国家，落在后面的则是最不发达国家。发展中国家与发达国家的位置转换具有一定的规律性。发达国家用了近300年，让10亿左右人口进入现代化。西方率先完成现代化的任务，形成了现代化的西方模式，走出了现代化的西方道路。西式现代化方案，在政治体制上表现为三权分立制、总统制或议会制，在政党制度上表现为两党制或多党制，在经济制度上表现为以私有制和雇佣劳动为基础的基本经济制度。

现代化不是少数国家的专利。任何国家都不应被排除在现代化体系之外，各个国家的人民都有权利共享现代化的发展成果。现代化不仅是发达国家的过去，也是发展中国家的现在与未来。发展中国家完全可以通过走自己的路实现跨越发展、迈进世界现代化第一方阵。

现代化是近代以来中国人民的伟大梦想。中华民族伟大复兴，不是复兴古代中国，不是复兴封建盛世，归根结底是赶上时代、赶上世界，完成现代化的使命，建成富强民主文明和谐美丽的社会主义现代化强国。这是中国几代人为之奋斗的夙愿。鸦片战争标志着中国被迫卷入西方主导的世界体系，洋务运动标志着中国主动加入西方主导的现代化进程。无数仁人志士怀揣现代化梦想，探索救国救民道路，但无论是中体西用、以器卫道的现代化之路，还是文化改造、全盘西化的现代化之路，都未能挽救民族于危难，旧中国一步步落后于时代，滑落到了被开除球籍的边缘。

1921年中国共产党的成立，标志着中国的现代化事业有了主心骨、领路人。1949年中华人民共和国的成立，1956年社会主义基本制度的建立，标志着我国踏上了自主建设现代化的新征途。1978年实行改革开放，标志着中国式现代化新道路正在开启。2021年第一个百年奋斗目标全面完成，标志着中国式现代化新道路经受住了超大型国家现代化实践的检验。总之，70多年筚路蓝缕、风雨兼程，我们党带领全国人民奔跑在现代化的赛道上，用短短几十年时间走过了发达国家几百年的工业化历程，建立了全世界最完整的现代工业体系。中国已由高速增长阶段转向高质量发展阶段，从"现代化的迟到国"跃升为"世界现代化的增长极"，中华民族走上了通往现代化的历史必由之路。

通往现代化的道路是可选择的

人类通往现代化的路径何在？是否存在唯一的路径依赖？这是困扰广大发展中国家的重大理论和政治问题。"经典现代化理论"主张现代化模式上的西化论，对第三世界走上现代化的西方道路充满信心。这一理论认为，现代化等于西方化，人类的现代化进程不过是发展中国家向发达国家看齐的过程、东方向西方过渡的过程。发展中国家欲求实现现代化，不仅硬件要西方化，软件也要西方化；不仅要全盘引进欧美的发展模式和现代科技，也要全盘复制欧美的社会制度和价值观。"西方"是衡量发展中国家道路、制度、文化和价值观是否具有合法性的唯一标准。东西方的发展差异，被扭曲为传统与现代、愚昧与先进的对立。然而，一些仿效西方现代化模式的发展中国家，并没有取得预期的成功，比如拉美国家的现代化运动已经持续了一个多世纪，至今仍深陷拉美陷阱之中，非洲国家的现代化之路更是困难重重。

现代化的潮流不可逆转，但通往现代化的道路可以选择。欧美率先享受到了现代化的成果，但并不意味着西方的发展模式、价值观念、制度体系和治理体系是实现现代化的唯一标准和样式。

西方发展模式和价值观念是被西方实践证明了的通往现代化的一种选择，但不是唯一选择；西方制度体系和治理体系是经受西方实践检验了的治理现代国家的一种方案，但不是唯一方案。我们始终坚信，现代化是确定的，但各有各的搞法，任何国家都无法垄断现代化的一切真理。西方现代化道路并没有结束人类对现代化的探索，西方的现代文明并不构成历史的终结。因现实国情、文化传统、历史命运不同，通向现代化的道路不可避免地表现出国别特色和多样性。

中国是当今世界独一无二的伟大样本。其一，中国是一个超大型国家，超大国土空间、超长历史纵深、超大人口规模、超大经济体量、超大国内市场，这是中国特色；其二，中国是一个独立自主的社会主义大国，我们走的是中国特色社会主义道路，高举的思想旗帜是马克思列宁主义，最高政治领导力量是中国共产党，最终奋斗目标是实现共产主义，这是中国特色；其三，中国是一个文渊文脉流淌不息的文明型国家，千年文脉赓续不止，多元民族和谐一体，多元宗教和平共处，语言风俗别具风采，这是中国特色。正是这些特色，注定中国只能走具有本国特点的现代化新道路。置身现代化洪流和历史巨变之中的中国，完全有资格、有能力揭示其中蕴藏的现代化密码，有资格、有能力在吸纳中西方文明精华之后开启更为壮丽的现代化前景，有资格、有能力在规避现代化之殇的基础上开辟更为健康的中国式现代化新道路。

中国式现代化是不同于人类过往的伟大创造

新中国成立以来，我们党一以贯之的主题就是把我国建设成为社会主义现代化国家。改革开放以来，我们推动物质文明、政治文明、精神文明、社会文明、生态文明协调发展，开创了中国式现代化新道路。这条新道路，不是简单延续我国历史文化的母版，不是简单套用马克思主义经典作家设想的模板，不是苏东社会主义国家现代化实践的再版，也不是西方现代化道路的翻版，不可能找到现成的教科书。

中国式现代化新道路是不同于人类过往的伟大创造。中国式现代化，是人口规模巨大的现代化，14亿多人口奔向现代化，必将创造世界上最多人口最快现代化的伟大传奇。中国式现代化，是全体人民共同富裕的现代化，14亿多人口共商现代化大计、共建现代化国家、共享现代化成果，促进社会公平正义，不会重蹈贫富对立、财富两极分化的西方现代化结局。中国式现代化，是物质文明和精神文明相协调的现代化，"五位一体"全面发展、社会全面进步、富强民主文明和谐美丽全面实现，促进物的全面丰富和人的全面发展,不会重蹈物质崛起、物质主义泛滥的西方现代化陷阱,不会让人民在光怪陆离的物质世界中失去安身立命的精神家园。中国式现代化,是人与自然和谐共生的现代化,美丽中国全面建设,人与自然真正和解,不以牺牲环境为代价去换取一时的经济增长,不会重蹈先污染后治理的西方老路。中国式现代化,是走和平发展道路的现代化,不搞我赢你输的零和博弈,不走殖民主义、扩张主义、霸权主义的发展之路,不会跌落大国必战、国强必霸、霸及必衰的西方陷阱,不会重蹈西方大国兴衰覆亡的历史周期率。

这样的现代化,有中国特色、中国风格、中国气派。它坚持党的全面领导,坚定不移走中国特色社会主义道路,不走老路邪路、不犯颠覆性错误;它坚持人民立场,以人民为中心,始终代表最广大人民根本利益,从来不代表任何利益集团、任何权势团体、任何特权阶层的利益;它坚持中国立场,自主发展、自力更生,不走依附西方的发展之路,不拿自己的核心利益做交易;它坚持马克思主义历史观,从历史中走来,向着未来走去,继承历史遗产,赓续千年文脉,不搞历史虚无主义、文化虚无主义;它坚持人类立场,向全世界开放,与世界各国共赢,不搞单边主义、不搞丛林法则,致力于构建人类命运共同体,为建设美好世界贡献中国方案、中国智慧。

中国式现代化新道路的成功开辟，向世界宣告了"照西方的样子改造世界"的时代已经结束，宣告了"现代化＝西方化"的简单和偏颇，宣告了发展中国家终于摆脱了西方现代性逻辑的控制，走上了自主现代化的新道路。中国式现代化的成功，彰显了中国道路的历史进步性、实践合理性和巨大优越性，向世界揭示了"走自己的路"才是唯一正道；中国式现代化的成功，给那些正处于经济停滞、民族分裂、政局动荡中的国家和人民提供了重要启迪，给那些迷信西方制度、总是幻想西天取经的国家和民族提供了重要警醒，给那些热衷制度输出、到处制造"颜色革命"的国家和政府注入了一剂清新剂；中国式现代化的成功，激活了世界社会主义运动的生机活力，向世界宣告了"西方中心论""历史终结论"已经破产，人类从此不再将其身家性命系泊于某种单一的现代化模式。中国特色社会主义进入新时代，标志着世界范围内两种现代化模式的较量发生了有利于我的深刻转变，世界从此进入了东西方现代化模式比拼发展，社会主义现代化展示优越性、发挥影响力的新阶段。

沿着中国式现代化新道路走向光辉未来

新中国成立 70 多年来，我们党领导人民创造了世所罕见的经济快速发展奇迹和社会长期稳定奇迹。中国奇迹不是天上掉下来的，从来没有无缘无故的奇迹。中国的发展奇迹和治理奇迹，从根本上说正是中国式现代化新道路的奇迹。

现代化的前途是光明的，但通往现代化的道路不会是平坦的。走社会主义道路建设现代化国家，这是一项全新的课题。前进的道路上，风险挑战前所未有，既有国内的也有国际的，既有经济、政治、文化、社会等领域的也有来自自然界的，既有传统的也有非传统的，既有短期的也有长期的，风险集聚、矛盾叠加。我们务必强化战略应对，争取战略主动，绝不能允许任何风险挑战迟滞或中断我国现代化进程。

现代化是干出来的，不干，半点希望都没有。党的十九大描绘了全面建设社会主义现代化国家的宏伟蓝图，勾画了全面建成社会主义现代化强国的时间表、路线图。党的十九届五中全会审议通过了《中共中央关于制定国民经济和社会发展第十四个五年规划和二〇三五年远景目标的建议》，进入新发展阶段明确了我国现代化的发展方位，构建新发展格局明确了我国现代化的路径选择，实现高质量发展明确了我国现代化进程中经济社会发展的主题。"来而不可失者，时也；蹈而不可失者，机也。"机遇稍纵即逝，抓住了就能赢得战略主动，抓不住就可能陷入战略被动，甚至错过整整一个时代。天下难事必作于易，天下大势必作于细。

一代代中国人接力奋斗、久久为功，社会主义现代化强国必将如期建成，以巍峨身姿屹立于世界东方。

我们的现代化是人类历史上最为壮丽的事业。长期以来，"现代化＝西方化"的所谓公理捆绑了世界人民的现代化梦想，人们一直翘首以盼西方之外的选择。今天，现代化的历史叙事、空间叙事正在被中国重构，现代化的学术话语、理论术语正在被中国改写。到 21 世纪中叶，我国全面建成社会主义现代化强国，必将彻底改写现代化的世界版图，必将拓展人类走向现代化的途径，必将进一步丰富发展具有大国气象、社会主义性质的人类文明新形态，必将为全人类的发展事业、正义事业、和平事业作出更大的中国贡献。

《光明日报》（2021 年 09 月 10 日）

人类现代化实践的中国方案

邹广文

以建党百年为标志,中国开启了全面建设社会主义现代化国家的新征程。中国共产党领导中国人民成功走出中国式现代化道路,创造了人类文明新形态,拓展了发展中国家走向现代化的途径。实现中华民族的伟大复兴离不开社会主义现代化建设实践,而百年中国的现代化奋斗实践又为世界现代化进程增添了浓墨重彩的一笔。

一

人类近代文明的发展历程表明,从传统社会走向现代社会,这既是人类社会形态的一次转型，也是文明方式的一次转换，而这一历史转换必然要经历现代化的洗礼。在马克思看来，人类现代化的实践进程也就是世界历史的形成过程，现代化是人类社会进步发展的重要动力。正因为如此，马克思基于唯物史观立场，在《共产党宣言》中充分肯定了资本主义对人类文明的贡献，认为资产阶级"由于开拓了世界市场，使一切国家的生产和消费都成为世界性的了"，现代化大工业"把世界各国人民互相联系起来，把所有地方性的小市场联合成为一个世界市场，到处为文明和进步做好了准备"。人类开始真正形成了世界范围的普遍交往。

马克思的思想启示人们，现代化作为人类近代文明的发展形式，是每一个民族国家都需要认真面对的时代课题。现代化在其内涵展开方面，则表现为经济上的工业化，即用现代机器生产取代手工生产，大力发展市场经济；政治上的民主化与法治化，即用民主主义思想取代封建专制观念，以法治取代人治；思想上的理性化，即以民主和科学的理念取代教会的精神独裁，等等。在人类500多年的现代化历史实践中，形成了形形色色的现代化理论，这些理论从不同视角概括总结了人类进入工业社会以来文明演进的过程与经验，提出了带有一定启示性的现代化实践原则与认识成果。

由于历史原因，中国是被动进入世界现代化发展大潮之中的，即中国的现代化是一种追赶型现代化。自鸦片战争以来，中华民族一代又一代仁人志士为了实现国家的现代化殚精竭虑、前赴后继，付出了大量的心血、精力甚至是生命，无论是洋务运动、戊戌变法还是辛亥革命，每一次重大历史变革的背后都饱含着艰辛曲折的现代化探索历程。直到中国共产党的诞生，才使得中国的现代化实践步入了一条正确的发展之路。

中国共产党的诞生是中国现代化的历史要求，时代选择了中国共产党，而中国共产党带领中国人民肩负起了实现中国现代化的历史重任。新中国成立伊始，中国就将现代化提到国家发展的战略高度。1954年，周恩来总理在全国人大一届一次会议所作的《政府工作报告》中就提出了中国现代化的初步构想，指出如果我们不建设起强大的现代化，我们的革命就不能达到目的。党的八大明确提出了"四个现代化"的奋斗目标，即努力把我国逐步建设成为一个具有现代农业、现代工业、现代国防和现代科学技术的社会主义强国。"文化大革命"结束以后，在党和国家面临何去何从的重大历史关头，以邓小平同志为主要代表的中国共产党人深刻认识到，只有实行改革开放才是中国的唯一出路，否则我们的现代化事业和社会主义事业就会被葬送。诚如《中共中央关于党的百年奋斗重大成就和历史经验的决议》所指出的："改革开放是党的一次伟大觉醒，是中国人民和中华民族发展史上一次伟大革命。"

二

正是由于改革开放这一历史性选择，使得中国在历经了一个半世纪后的今天，现代化事业取得了举世瞩目的卓越成就。党的十八大以来，以习近平同志为主要代表的中国共产党人，坚持把马克思主义基本原理同中国具体实际相结合、同中华优秀传统文化相结合，以中国式现代化推进中华民族伟大复兴，解决了许多长期想解决而没有解决的难题，办成了许多过去想办而没有办成的大事，推动党和国家事业取得历史性成就、发生历史性变革。为实现中华民族伟大复兴提供了更为完善的制度保证、更为坚实的物质基础、更为主动的精神力量，中华民族迎来了从站起来、富起来到强起来的伟大飞跃，实现中华民族伟大复兴进入了不可逆转的历史进程。毋庸置疑，中国共产党为中国的现代化事业作出了巨大贡献，从而成功地向世界贡献了现代化实践的中国方案。这具体表现在：

首先，中国共产党带领中国人民克服重重困难，顺利开启了中国的现代化发展之路。放眼世界，中国走向现代化的复杂性与艰巨性是前所未有的。中国自古是一个以农立国的社会，生产力水平不高，新中国成立后，我国的经济基础极为薄弱，可谓一贫如洗、百废待兴，而大规模经济建设迫切需要农业为工业化提供资金积累和原料，这无形中会加剧工业农业之间发展的不平衡。此外，我们还要应对西方国家对我国实行的经济封锁。特别是随着改革开放的推进，中国的现代化发展融入经济全球化的发展大潮，国内外各种"历时性"矛盾问题（如前现代、现代与后现代）而今以"共时性"方式集中呈现出来，需要我们予以统筹解决。正是在科学分析国际国内形势、深刻总结历史经验教训的基础上，中国才找到了自己现代化实践的独特历史方位——中国所追求的现代化是符合中国国情的现代化。而中国最大的国情就是中国是世界上最大的发展中国家，仍处于社会主义初级阶段，中国现代化所体现的社会主义本质，更表明它是惠及社会全体成员、致力于共同富裕的现代化。

其次，中国共产党以自己的实践探索成功地开创了具有中国特色的社会主义现代化。中国的现代化实践表明，现代化作为全世界各国追求的发展目标的确有其普遍特征，但却没有放之四海而皆准的路径或模式，每个民族国家基于特殊的历史传统、文化积淀和现实国情，其现代化实践也会呈现出个性特色，因此不能简单模仿照搬西方的现代化发展模式。从文化哲学的角度来说，世界文明具有多样性，多元并存才是真实的世界图景。一个国家如果忽略自己的发展个性，走照搬西方的依附性现代化之路，终究会迷失发展方向，甚至会付出惨痛的代价。正如邓小平同志所强调的："我们搞的现代化，是中国式的现代化。我们建设的社会主义，是有中国特色的社会主义。"正是基于这一清醒认识，从中国现代化的实践展开来看，我们一方面向世界开放、借鉴现代化的普遍特征，另一方面则坚持"走自己的路"、探索中国式现代化。今天，中国式现代化图景日益清晰地呈现在世人面前，这一图景既丰富拓展了人类现代化的共同价值内涵，又彰显了人类现代文明的多样性。

再次，中国共产党实现了现代化与民族传统文化的有机融合，有效达成二者的共时性存在。如何处理现代化与传统文化的关系，这是当今世界每一个追求现代化的国家必须认真面对的时代课题。毋庸置疑，传统文化和现代化二者既相互矛盾又相互衔接。法国思想家福柯在《什么是启蒙》一文中指出，我们不应该把现代化仅仅看作一个处于前现代与后现代之间的一个时代，而更应该将其看作一种态度，而这种态度不仅仅局限在某一个特定的时代。这表明现代化与其他文化形态是可以兼容的。在总结历史经验教训的基础上，中国共产党人摒弃了非此即彼的两极对立思维，强调文化的和谐共生、交流互鉴，强调现代化不会只有一个模式，只有将民族文化融入现代化的实践过程中，人类的现代化形态才会五彩缤纷、各具特色。中国改革开放40多年的现代化实践表明，走向现代化，实现民族振兴，必须从弘扬民族精神做起。中华优秀传统文化作为当代中国现代化的基础，在现代化实践过程中发挥了重大作用，而同时现代化发展也为中华优秀传统文化注入了新的生命力，中华优秀传统文化的创造性转化与创新性发展日益彰显，从而为中华民族文化的复兴带来了新机遇。

最后，中国共产党将现代化发展看成是一个系统工程，全面推进了中国经济、政治、文化、社会与生态的整体性转型。在以我为主、"走自己的路"的前提下，现代化的中国方案在实践中呈现出勃勃生机，同时我们也充分认识到现代化是一个社会文明状态全方位转型的过程，牵涉社会生活的各个领域。习近平总书记在庆祝中国共产党成立100周年大会上的重要讲话中指出："我们坚持和发展中国特色社会主义，推动物质文明、政治文明、精神文明、社会文明、生态文明协调发展，创造了中国式现代化新道路，创造了人类文明新形态。"这表明全面推进我国的社会主义现代化建设，就需要立足现代化的复杂系统来布局谋篇，始终坚持以人民为中心的发展思想，以满足人民对美好生活的向往为目标；不但要致力于物质文明与精神文明的协调发展，还要致力于人与自然的和谐共生，而最终目标则是实现人的自由全面发展。

在第九届世界中国学论坛上，塞尔维亚前总统鲍里斯·塔迪奇发言说："西方在 21 世纪面临的挑战表明，现代化不等于西方化，而中国赋予'现代化'新的内涵，为全世界上了一课。"今天，我们从人类文明新形态视角来看现代化的中国方案，其历史意义是深远的。人类现代化不能只有一个模式，每个国家的国情不同，其现代化的实践方式也会呈现不同的特色。置身于经济全球化发展的今天，中国自觉将自身的现代化实践与世界发展的潮流相融合，建设性地提出人类命运共同体理念，这既体现了中国现代化实践的文化自信，也客观上推动了自身发展经验的世界性共享。

《光明日报》（2021 年 12 月 06 日）

中国式现代化道路与人类文明新形态

孙代尧

党的十九届六中全会审议通过的《中共中央关于党的百年奋斗重大成就和历史经验的决议》（以下简称《决议》）指出："党领导人民成功走出中国式现代化道路，创造了人类文明新形态，拓展了发展中国家走向现代化的途径，给世界上那些既希望加快发展又希望保持自身独立性的国家和民族提供了全新选择。"其中，实事求是和独立自主的思想革命是中国式现代化道路的逻辑起点。中国式现代化道路遵循了现代化发展的一般规律，又超越了既有现代化模式和发展理论，赋予了现代化新的内涵、新的结构—功能和新的精神境界。中国道路既是"走自己的路"，也是走人类文明发展之路。中国特色社会主义已经成为一种文明新形态，中国特色社会主义的发展，将是在实践中不断充实内涵的历史过程。

中国道路的逻辑起点：实事求是和独立自主的思想革命

对于一个国家和民族来说，道路决定命运。而思想理念的革命，则是关乎道路选择的第一位问题。从现代化的动力来看，思想理念革命和社会革命是必要条件，而彻底的社会革命首先需要思想理念的革命。人类进入工业文明时代，即源于思想理念的突破。近代欧洲思想解放运动所确立的人文主义和理性主义观念，成为引领西欧迈入现代社会的原动力。

中国共产党对中国道路的探索，也是源于思想觉醒或理念革命。近代以来，中国遭遇外来现代性的挑战，完成现代化任务、实现自立自强成为中国历史发展的必然选择。近代中国人对现代化道路的探索，是一个学习、比较和吸收外来事物的反复"试验"的过程。直至马克思主义传入中国并被中国人所接受，中国人民才在精神上"由被动转入主动"；而马克思主义与中国的历史性实践的结合即马克思主义中国化，"激活了中华民族历经几千年创造的伟大文明，使中华文明再次迸发出强大精神力量"，成为更具决定性的思想觉醒，并在实践中不断展现出丰硕的历史成果；中国化马克思主义与中国现代化事业的契合和深化，使中国走上了繁荣富强的复兴之路。

中国共产党思想解放所形成的实事求是和独立自主的精神传统，构成中国道路的逻辑起点。这个传统立基于马克思主义辩证唯物主义和历史唯物主义方法论，形成于马克思主义中国化的历史实践中，锤炼于中国共产党改造中国的伟大斗争中。中国道路的百年探索，是这一精神传统的逻辑展开。坚持解放思想、实事求是的理论自觉，坚持独立自主的探索精神和坚定走自己道路的自信，贯穿于中国共产党领导中国革命、建设、改革的历史实践中。正如习近平总书记指出的，"我们党在革命、建设、改革各个历史时期，坚持从我国国情出发，探索并形成了符合中国实际的新民主主义革命道路、社会主义改造和社会主义建设道路、中国特色社会主义道路，这种独立自主的探索精神，这种坚持走自己路的坚定决心，是我们党不断从挫折中觉醒、不断从胜利走向胜利的真谛"。

中国式现代化道路：超越与创造

近代以来，现代化成为人类社会发展的关键词和主旋律，也是文明进步的主要标志。但选择什么样的现代化发展道路，至今仍困扰着众多发展中国家。作为现代化的先行者，欧美国家凭借先发优势和话语霸权，把西方的价值观、制度模式和发展道路普遍化，"现代化"成了"西方化"的代名词，欧美发展模式被视为现代化的唯一模式。但事实表明，对于发展中国家来说，西方现代化模式只是一个"发展的幻象"，发展中国家无论怎样以西方为师，大都在现代化的道路上步履蹒跚，没有真正找到适合本国国情的现代化路径。中国式现代化道路的成功，打破了人类对西方式现代化的路径依赖，用事实宣告了"历史终结论"的终结，宣告了以西方制度模式为归宿的单线式历史观的破产。

中国式现代化道路，也超越了"不发达政治经济学"理论。不发达政治经济学着重从世界整体联系出发探讨处在世界体系边缘的发展中国家的发展问题，但提出的发展方案——发展中国家或者走"依附"发展道路，在不平等的国际经济体系中获得发展，或者与资本主义世界体系"脱钩"，实施"自主"发展战略，都存在明显缺陷，也被实践证明行不通。中国式现代化道路，破解了发展中国家遇到的"依附"发展或"脱钩"发展的二元难题。中国既不"脱钩"也不"依附"，走出了一条发展新道路：既顺应经济全球化潮流，又掌握发展主动权，保持了独立自主性，为世界上那些既希望加快发展又希望保持自身独立性的国家和民族，提供了全新的选择。

第一，中国式现代化道路是科学理性的现代化。一是有长远清晰的战略规划。"四个现代化"战略、"三步走"战略、"新三步走"和"两个一百年"奋斗目标、两个阶段战略安排等，都属长期战略规划。即使是五年规划，也是把短期和中长期目标有机衔接起来，体现战略一致性。二是中国"分步走"的战略规划，建立在实事求是和规划理性的基础上，每一步目标都能顺利实现且基本提前完成，这与一些西方国家政党提出的不切实际的设想也有根本不同。

第二，中国式现代化道路是以人民为中心的现代化。中国共产党的发展观鲜明体现了社会主义的价值取向，致力于促进全体人民共享共富、维护社会公平正义和推动人的全面发展。公有制为主体、多种所有制经济共同发展的基本经济制度和按劳分配为主体、多种分配方式并存的分配制度，以及推动有效市场和有为政府更好结合等，既能解放和发展社会生产力，又能防范化解经济社会风险，保证共同富裕的发展方向，既激发了市场主体活力，又防止了市场和资本无序运作；西方式的现代化以资本逻辑为主导，市场盲目扩张和资本野蛮生长导致的经济危机和社会失序混乱难以避免。

第三，中国式现代化道路是现代政治要素协调有序运作的现代化。强大国家、民主制和法治，被认为是构成现代政治秩序的三个要素。在中国政治体系的运作中，党的领导、人民当家作主、依法治国有机统一。中国的人民民主是一种全过程人民民主，具有完整的制度程序和完整的参与实践，使选举民主和协商民主这两种重要民主形式更好结合起来，实现了最广大人民的广泛持续参与。中国的国家制度和国家治理体系，有效避免了党派纷争、利益集团偏私、少数政治"精英"操弄等现象的出现。西方式的现代化建立在私有制基础上，政治体系被垄断资本所控制，决定了其难以避免党同伐异、政治内耗等种种政治乱象。西方学者也承认，以美国为代表的"民主国家"正承受着"严重的政治衰败"，表现为党派利益凌驾于国家整体利益之上，民主政治沦为少数人逐利的"金钱政治"，政党政治堕落为"政党恶斗"，权力制衡演化为"否决政治"，有"民主"无效能成为西方国家和照搬西方模式国家的通病。

第四，中国式现代化道路是五位一体均衡推进的现代化。中国的现代化追求物质文明、政治文明、精神文明、社会文明、生态文明全面协调发展；资本主义现代化是追求物质财富的"单向度"现代化，导致现代化过程中出现心为物役、消费主义、人类中心主义自然观等"现代性困境"。中国在现代化建设中凝练的创新、协调、绿色、开放、共享的新发展理念，超越了以往单一强调经济结构转型的发展理论,为发展中国家摆脱有增长而无发展的"低度发展"问题,提供了新的理念和路径。

第五,中国式现代化道路是独立自主、自信开放、追求互利共赢的现代化。中国把自身的发展同世界的发展统一起来,顺应历史前进的逻辑,站在历史正确的一边,站在人类进步的一边,弘扬和平、发展、公平、正义、民主、自由的全人类共同价值,积极推动构建人类命运共同体,超越了"国强必霸"的陈旧逻辑。西方式的现代化道路建立在殖民主义、霸权主义和文化帝国主义的基础上,是奉行丛林法则和零和博弈、以邻为壑、追求霸权的现代化,成为阻碍世界和平发展和人类文明进步的破坏性力量,也导致当今世界和平赤字、发展赤字、治理赤字和信任赤字有增无减。

构建人类文明新形态的路径:历史自觉和文明交流互鉴

中国特色社会主义是人类文明发展大道上的产物,是在开放的世界和向世界开放的进程中兴起的,是坚持科学社会主义基本原则、植根于中华文化沃土、汲取世界文明成果并结合当代中国实际的综合创新。中国道路既是"走自己的路",也是走人类文明发展之路,既解决了中国问题,又为解决人类问题提供中国智慧与中国方案。就此而言,中国特色社会主义已经成为一种人类文明新形态。这个新形态是中国特色社会主义道路、理论、制度和文化的统一体。

人类文明新形态的创造必须要有历史自觉。历史自觉既包含对人类发展历史规律的深刻把握,也包含认识历史发展大势基础上的主动作为。中国特色社会主义兴起于20世纪后半期世界历史变局的大背景下,时代主题转换和苏联模式由盛转衰、新技术革命与新工业革命的兴起、现代化的第三次浪潮和东亚的崛起,是当时世界历史变局的主要标志。中国共产党遵循历史发展逻辑,顺应时代进步潮流,对变局带来的机遇和挑战作出了有力回应,不仅开创了实现中华民族伟大复兴的正确道路,使中国大踏步赶上了时代,也为一种文明新形态的形成创造了前提。《决议》正是从民族复兴道路的开创和人类文明新形态的创造相联系的维度,阐述中国共产党的历史自觉和世界历史性贡献的。

人类文明新形态的创造是文明交流互鉴中的创造。自资本主义开创了世界历史,人类的物质文明和精神文明都已成为"世界历史性的存在",也只有在这个意义上才能存在。在多元文明相互促进中,形成了各种人类文明形态。正如习近平总书记指出的,"文明的繁盛、人类的进步,离不开求同存异、开放包容,离不开文明交流、互学互鉴。历史呼唤着人类文明同放异彩,不同文明应该和谐共生、相得益彰，共同为人类发展提供精神力量"。

在长期演化过程中，中华文明既形成了自身文明发展的逻辑，又体现了人类文明发展的一般规律。中华文明具有独特的处世之道、价值取向、精神气质和生存理念，也是在同其他文明不断交流互鉴中形成的开放体系。建党以来，中国共产党始终以开阔的胸怀对待世界各国人民的文明创造，积极学习借鉴世界各国创造的文明成果，结合中国实际加以运用。中国特色社会主义在与其他文明的交流中获得了丰富营养，也以自身的创造丰富了人类文明内涵。中国特色社会主义从历史的深处走来，它是文明融合的产物，也为21世纪多元文明的交流、互鉴、共存和新文明的创造，提供了可以向世界分享的经验。

人类文明发展是求同存异的演进过程。人类文明进步历程从来没有平坦的大道可走，在未来社会"真正的普遍的文明"代替阶级社会的文明之前，人类文明将在经常的矛盾运动中发展。百年未有之大变局下，高度不确定性对世界和平发展和人类文明进步构成挑战。中国特色社会主义道路作为一种人类文明新形态，尚需在实践中不断充实内涵。如何推动世界百年未有之大变局正向发展，使人类社会向着更加光明、文明的方向前行，需要我们作出创造性回答。中国共产党作为世界上最大最具使命性的政党，给出的答案是，积极推动构建人类命运共同体，引领时代之变。

构建人类命运共同体理念，继承了马克思主义宏大世界历史视野和思想逻辑，蕴含着源远流长的中国智慧，为回答和解决 21 世纪人类面临的共同挑战，开拓了新的思想维度。人类命运共同体理念是对狭隘的"西方中心论"的超越，开辟了人类走向"真正的普遍的文明"的现实途径，成为引领时代变局和推动人类文明进步的旗帜。

《光明日报》（2021 年 12 月 29 日）

★ **拓展阅读**

中国式现代化道路"新"在哪

世界上没有两片相同的叶子,也没有两片完全不同的叶子,这就是现代化道路上的共性与个性的关系的问题。习近平总书记指出,当代中国伟大社会变革,不是简单延续我国历史文化的母版,不是简单套用马克思主义经典作家设想的模板,不是其他国家社会主义实践的再版,不是国外现代化发展的翻版。中国式现代化道路,归根到底是一条现代化新路。可以概括地说,中国式现代化道路逐渐呈现新的面貌,主要体现在自主性、全面性、协调性、和平性、包容性等方面。

体现自主性。近代以来,西方国家现代化道路一直都是蓝本,是很多后发国家效仿的对象。长期以来,现代化等于西方现代化,现代文明等同于西方文明，现代社会等同于资本主义社会，似乎后发现代化国家要实现现代化就必须遵循西方现代化道路，这是原发现代化优势所造成的幻觉。事实上，一些清醒的西方学者就否定了西方现代化的规律性、普遍性、唯一性，认为西方现代化是基于西方历史文化的独特的现代化道路。中国人口规模巨大，又具有独特历史文化，现代化道路如何走？习近平总书记强调："走自己的路，是党的全部理论和实践立足点，更是党百年奋斗得出的历史结论。"中国在中国共产党的坚强领导下，坚持走自己的路，走出了一条不同于西方的现代化道路，不是跟随性而是超越性的现代化。

体现全面性。西方国家能够解决富裕问题，但很难解决"共同""全面"的问题，只能是实现一部分人富裕、少数人富裕，而多数人还是贫穷的，两极分化严重，这种情况并没有随着西方现代化进程而消除，反而有扩大之势。而中国式现代化是全体人民共同富裕的现代化，共同富裕路上，一个不能掉队，体现了富裕的全面性。按照党的共同富裕"路线图"，到2035年，全体人民共同富裕取得更为明显的实质性进展；到本世纪中叶，全体人民共同富裕基本实现。可见，中国式现代化解决了西方现代化伴生的两极分化问题。而且，在中国式现代化进程中，坚持以人民为中心，始终把人的全面发展放在突出位置，就是要实现人的全面发展的现代化。

体现协调性。西方现代化没有办法解决好人与自然之间的冲突问题,随着资本主义的发展,无产阶级和资产阶级的矛盾不断加剧,西方社会的分裂不断加深。习近平总书记指出,"我们坚持和发展中国特色社会主义,推动物质文明、政治文明、精神文明、社会文明、生态文明协调发展"。在中国式现代化进程中,统筹推进经济建设、政治建设、文化建设、社会建设、生态文明建设,着力解决发展不平衡不充分的问题,使人与自然等方面更协调、更和谐。

体现和平性。西方现代化的过程大多与霸权主义联系在一起,伴随殖民、侵略等。而中国式现代化道路是和平的,习近平总书记指出"中华民族的血液中没有侵略他人、称王称霸的基因",强调"中国人民从来没有欺负、压迫、奴役过其他国家人民,过去没有,现在没有,将来也不会有"。几十年来,中国全速奔跑在现代化的赛道上,正是得益于世界和平的环境。无论过去、现在还是将来,中国式现代化的进程始终是一个和平的进程,展现出的是一条非攻击性、非侵略性的和平的现代化新路。

体现包容性。中国式现代化道路,破除现代化道路上的西方中心主义,展现道路的多样性、现代化模式的多样性。习近平总书记强调:"现代化道路并没有固定模式,适合自己的才是最好的，不能削足适履。每个国家自主探索符合本国国情的现代化道路的努力都应该受到尊重。"中国式现代化道路和西方现代化道路不是替代关系，而是共存关系。我们并不排斥西方现代化，而是学习借鉴西方现代化的有益经验、吸取教训。习近平总书记指出，"中国共产党将继续同一切爱好和平的国家和人民一道，弘扬和平、发展、公平、正义、民主、自由的全人类共同价值"。坚守和弘扬全人类共同价值，彰显我们党博大的胸怀。公平、正义、民主、自由，是近代以来人类追求的共同价值。合作共赢、共商共建共享等，是基于中国式现代化实践提供给人类的新的价值理念。这些价值理念伴随构建人类命运共同体的不断推进，会越来越具有影响力和感召力。同时要看到，虽然中国式现代化为发展中国家走向现代化提供了可供选择的新途径，但我们并不会把这些强加于其他国家头上，这充分体现了中国式现代化道路的包容性。

知识链接

何为"并联式"现代化

理解把握中国"并联式"现代化,对于准确把握我国发展战略,发挥后发赶超优势,规避发展中的重大风险,顺利推进社会主义现代化国家建设各项事业稳步向前意义重大而深远。

"并联式"现代化具有发展时间的高度压缩性。西方国家"串联式"的现代化进程,大多经历了200多年的时间跨度。中国真正意义上的现代化起始于1949年,建成时间本世纪中叶,跨度为100年。中国实现现代化的时间,仅仅相当于西方国家的1/2到2/3左右。如果把第二次世界大战后信息革命对现代化内涵和外延的拓展计算上,西方国家实际完成现代化的时间更是远远长于中国。高度压缩的现代化时间,意味着中国必须在整个现代化进程中保持一个显著高于西方国家的经济增速。唯有如此，才能在人均国内生产总值等现代化核心指标上实现对西方国家的赶超。新的征程上，尽管外部环境的不稳定不确定可能会对国内经济发展形成一定的冲击，但让经济运行维持在合理区间仍然是如期实现发展目标的底线。

"并联式"现代化具有发展任务的高度叠加性。西方国家"串联式"的现代化，可以在200多年时间里实现工业化、城镇化、农业现代化、信息化的依次发展，各项发展任务的界限相对分明且相互衔接。而中国"并联式"的现代化，需要在100年的时间里推动工业化、信息化、城镇化、农业现代化的叠加发展乃至同步发展，其风险与挑战是西方国家现代化所不能比拟的。例如，西方国家的农业现代化是工业化和城镇化完成后发生的，工业化的机器代替人力效应和城镇化的农村劳动力减少效应让农业的现代化水到渠成。中国的农业现代化是在城镇化刚走过半程时就开始启动的，数亿农业转移人口尚未完成融入城市的过程，农业现代化就大大减少了对农村劳动力的需求，这让我国唯有加快农业转移人口市民化进程，赋予进城农民保留农村土地利益的选择权，才能最大限度规避现代化进程中的社会风险。现代化任务的高度叠加性，给发展带来的挑战前所未有，也对发展战略的科学性和政策措施的精细度提出更高的要求。

"并联式"现代化具有发展要求的多重协调性。西方国家"串联式"的现代化，无须在发展进程中兼顾物质文明、政治文明、精神文明、社会文明、生态文明的协调发展，可以在某一个发展阶段专注于一两个目标，待阶段性目标实现后再考虑其他目标。相比之下，在中国开启现代化进程的时代，专注于单一物质文明目标而忽略其他文明的机会窗口早已关闭，更重要的是，中国的现代化道路是一条中国特色的社会主义现代化道路，统筹推进"五位一体"总体布局是其基本的战略属性。推动物质文明、政治文明、精神文明、社会文明、生态文明协调发展，更是中国式现代化道路所创造的人类文明新形态。

"并联式"现代化具有发展战略的后发赶超性。西方国家"串联式"的现代化，是基于自身经济、政治和文化等现代性要素的嬗变，在鲜有来自其他已经完成现代化国家的外部压力下，按自身规律有序发展起来的，其内部矛盾要素的推动起决定作用。中国的"并联式"现代化，是在早期面临半殖民化生存危机状态下、后期遭受超级大国经济和政治压迫下作出的被迫反应。因此，中国的现代化承载着近现代以来强烈的历史诉求，具有鲜明的民族性和人民性，从而在现代化战略制定中必然突出地表现出一种赶超型特征。只有在赶超型发展理念指引下，才能缩短与发达国家的发展差距，实现弯道超车。我国必然要充分利用社会主义制度"集中力量办大事"的体制优势和超大经济体的人力资源优势和市场优势，实施后发赶超战略，并在经济、科技发展的关键拐点，实施非对称赶超，成功转变为世界现代化强国。

人口规模巨大的现代化

在不断推进社会主义现代化建设的伟大实践中,中国完成了消除绝对贫困的艰巨任务,城镇人口规模不断扩大,人口素质显著提高。中国社会主义现代化建设之所以能取得这样的成就,关键在于坚持和加强党的领导,坚持以人民为中心的发展思想,充分发挥我国社会主义制度的显著优势。

 新知先学

增进民生福祉是发展的根本目的

《中共中央关于党的百年奋斗重大成就和历史经验的决议》指出,为了保障和改善民生,党按照坚守底线、突出重点、完善制度、引导预期的思路,在收入分配、就业、教育、社会保障、医疗卫生、住房保障等方面推出一系列重大举措,注重加强普惠性、基础性、兜底性民生建设,推进基本公共服务均等化。党的十八大以来,以习近平同志为核心的党中央着力补齐民生短板,破解民生难题,使发展成果更多更公平惠及全体人民,不断增强人民群众获

得感、幸福感、安全感。

收入分配是民生之源。改革开放以后，我国城乡居民收入水平逐步提高，同时也出现收入差距拉大等问题。党的十八大以来，坚持按劳分配原则，进一步完善按要素分配的体制机制，努力建设体现效率、促进公平的收入分配体系，调节过高收入，取缔非法收入，增加低收入者收入，稳定扩大中等收入群体，推动形成橄榄型分配格局，居民收入增长与经济增长基本同步，农村居民收入增速快于城镇居民。2020年全国居民人均可支配收入32189元，比2010年增长1倍，形成了世界上规模最大、成长最快的中等收入群体，总量超过4亿人。

就业是最大的民生。我国有14亿多人口、约9亿劳动力，解决好就业问题始终是经济社会发展的一项重大课题。面对就业总量压力和结构性矛盾并存的状况，坚持经济发展就业导向，实施就业优先政策，推动实现更加充分、更高质量就业。完善就业服务体系，扎实做好高校毕业生、农民工、退役军人等重点群体就业工作，加大对就业困难人员帮扶力度。促进创业带动就业，推动多渠道灵活就业，支持和规范发展新就业形态。实施职业技能提升行动，加快培养适应发展需要的技能人才。2013—2019年，全国城镇新增就业连续7年超过1300万人，2020年面对多重严重冲击，仍实现城镇新增就业1186万人，保持了就业大局稳定。

教育事关国家发展、民族振兴和社会进步。党中央把教育作为国之大计、党之大计，推进教育强国建设，办好人民满意的教育。全面贯彻党的教育方针，优先发展教育事业，明确教育的根本任务是立德树人，培养德智体美劳全面发展的社会主义建设者和接班人，深化教育教学改革创新，促进公平和提高质量，推进义务教育均衡发展和城乡一体化，全面推行国家通用语言文字教育教学，规范校外培训机构，积极发展职业教育，推动高等教育内涵式发展。办好特殊教育、继续教育，支持和规范民办教育。全国财政性教育经费占国内生产总值比例保持在4%以上。2020年我国九年义务教育巩固率达到95.2%，高中阶段和高等教育毛入学率分别达到91.2%和54.4%，新增劳动力平均受教育年限达到13.8年，教育普及水平稳居世界中上国家行列。

　　社会保障是民生安全网、社会稳定器。党的十八大以来，坚持覆盖全民、城乡统筹、权责清晰、保障适度、可持续，我国建成世界上规模最大的社会保障体系，10.2亿人拥有基本养老保险，13.6亿人拥有基本医疗保险。统一城乡居民基本养老保险制度，完成机关事业单位和企业养老保险制度并轨，实现养老保险省级统筹并建立中央调剂制度，连续多年提高企业退休人员基本养老金。整合城乡居民基本医疗保险制度，全面实施大病保险。健全帮扶残疾人、孤儿等社会福利制度。完善以低保对象、特殊困难人员、低收入家庭为重点的救助制度，民生兜底保障网进一步加固。

　　人民健康是社会文明进步的基础。党的十八大以来，全面推进健康中国建设，坚持预防为主的方针，引导医疗卫生工作重心下移、资源下沉，及时推动完善重大疫情防控体制机制、健全国家公共卫生应急管理体系，促进中医药传承创新发展，健全遍及城乡的公共卫生服务体系。深化医药卫生体制改革，建立完善分级诊疗制度，开展药品集中招标采购，支持社会办医，着力解决看病难、看病贵问题。加快体育强国建设，广泛开展全民健身活动，大力弘扬中华体育精神。居民人均预期寿命由2015年的76.3岁提高到2019年的77.3岁。

人口是影响经济社会发展的基础性、全局性、战略性问题。针对近年来人口形势的重大变化，加强人口发展战略研究，积极应对人口老龄化，加快建设居家社区机构相协调、医养康养相结合的养老服务体系，2020年全国养老床位达到821万张，比2012年增长97%。调整优化生育政策，先后作出单独两孩、全面两孩、放开三孩等重大决策，促进生育政策和相关经济社会政策配套衔接，积极发展普惠托育服务体系，促进人口长期均衡发展。注重家庭家教家风建设，保障妇女儿童权益。加快发展残疾人事业。

住有所居是重要民生目标，关系千家万户切身利益。党的十八大以来，坚持房子是用来住的、不是用来炒的定位，加快建立多主体供给、多渠道保障、租购并举的住房制度，加大保障房建设投入力度。累计建设各类保障性住房和棚改安置住房近5000万套,低保、低收入住房困难家庭基本实现应保尽保。坚持因城施策,促进房地产市场平稳健康发展。2019年,城镇居民和农村居民人均住房建筑面积分别为39.8平方米和48.9平方米,比2012年分别增加6.9平方米和11.8平方米,城乡居民住房条件明显改善。

人类历史上前所未有的壮举

张车伟

人口规模巨大是我国的基本国情，是中国式现代化的重要特征。我国这个世界上最大发展中国家实现现代化，意味着比现在所有发达国家人口总和还要多的中国人民将进入现代化行列，这将彻底改写现代化的世界版图，必将成为人类历史上前所未有的壮举。

创造人类减贫史上的奇迹

我们党坚持以人民为中心的发展思想，把全体人民共同富裕取得更为明显的实质性进展作为 2035 年远景目标之一，在社会主义现代化建设进程中，团结带领全国各族人民为创造自己的美好生活进行长期艰苦奋斗，脱贫攻坚战取得全面胜利，创造了人类减贫史上的奇迹。

新中国成立时，从人均国内生产总值看，我国处于世界上最贫困的国家行列。到 1978 年，按照现行贫困标准，贫困人口规模仍有 7.7 亿。改革开放后，从 1978 年至 2012 年，我国实际国内生产总值年均增长率达到 9.86%，人均国内生产总值从 1978 年的 385 元增长到 2012 年的 39874 元。经济社会持续快速发展，推动绝大部分人口摆脱贫困、过上小康生活。

中国特色社会主义进入新时代，以习近平同志为核心的党中央把脱贫攻坚摆在治国理政的突出位置，作为全面建成小康社会的底线任务，组织开展了声势浩大的脱贫攻坚战。在迎来中国共产党成立 100 周年的重要时刻，我国脱贫攻坚战取得全面胜利，现行标准下 9899 万农村贫困人口全部脱贫，832 个贫困县全部摘帽，12.8 万个贫困村全部出列，区域性整体贫困得到解决，完成了消除绝对贫困的艰巨任务，创造出又一个彪炳史册的人间奇迹。这为持续推进人口规模巨大的现代化、让全体人民共享现代化成果奠定了坚实基础。

推进世界历史上规模最大、速度最快的城镇化

推进城镇化，是实现现代化的必由之路。我国坚持走以人为核心的新型城镇化道路，致力于在一个拥有14亿人口的发展中大国实现城镇化，让全体人民共享城镇化成果，这在人类发展史上没有先例。

城镇人口规模不断扩大。新中国成立时，我国绝大部分人口生活在农村，城镇人口占比不到11%，到1978年也不到18%。改革开放以来，我国经历了世界历史上规模最大、速度最快的城镇化进程，取得了举世瞩目的成就。党的十八大以来，我国在城镇化率继续提高的同时，城镇化质量也不断改善，城市功能全面提升，城市面貌焕然一新。大中小城市和小城镇持续协调发展，以城市群为主体的城镇化格局不断优化，京津冀、长三角、粤港澳大湾区等城市群建设加快推进，城市区域分布更加均衡。2020年末，我国常住人口城镇化率超过60%，已进入以城市型社会为主体的新时代。

在城镇化过程中创造更多就业，不断提高人民收入。新中国成立时，我国绝大部分人口从事农业生产，城镇就业机会匮乏。快速推进的工业化、城镇化创造了大量就业机会，城镇就业人员

占总就业人员的比重从 1978 年的 23.7% 提高到 2012 年的 48.4%。党的十八大以来，以习近平同志为核心的党中央实施就业优先战略，全国城镇就业人数平均每年增加 1000 万人以上，2019 年城镇就业人员达 44247 万人，占总就业人员比重达到 57.1%。与此同时，劳动者工资水平较快增长。2012 年到 2019 年，城镇非私营单位就业人员平均工资年均增长率达到 9.9%，高于同期国内生产总值年均增长率 0.86 个百分点。

推进以人为核心的新型城镇化。2013 年，党中央召开改革开放以来的第一次城镇化工作会议，对推进以人为核心的新型城镇化作出重要部署。国务院先后印发《关于进一步推进户籍制度改革的意见》《关于进一步做好为农民工服务工作的意见》，出台了一系列推动新型城镇化建设的改革意见和政策。《中华人民共和国国民经济和社会发展第十四个五年规划和 2035 年远景目标纲要》（以下简称《规划纲要》）提出，坚持走中国特色新型城镇化道路，深入推进以人为核心的新型城镇化战略，以城市群、都市圈为依托促进大中小城市和小城镇协调联动、特色化发展，使更多人民群众享有更高品质的城市生活。这一系列政策措施的出台落地，将有力提高新市民融入城市的能力，加快农业转移人口市民化进程。

人口素质实现质的飞跃
建成世界上规模最大的社会保障体系

我国现代化致力于实现人的全面发展、社会全面进步。我国不断推进人口规模巨大现代化的过程,也是人口素质显著提升、民生福祉不断增进的过程。

受教育水平稳步提升。新中国成立之初,我国80%的人口是文盲,适龄儿童小学入学率不足20%。新中国成立后特别是改革开放以来,人口受教育程度大幅提高。1982年,全国高中及以上受教育程度人口占总人口的7.2%,2018年提高到29.3%。2020年,全国共有普通高校2738所,各种形式的高等教育在学总规模4183万人,高等教育毛入学率达到54.4%。人才队伍不断壮大,知识技能水平不断提高,为建设社会主义现代化国家提供了坚实人力资源保障。

健康水平逐步提高。新中国成立时,我国人均预期寿命仅有35岁。随着经济社会发展,我国医疗卫生投入快速增长,公共卫生体系和医疗服务体系不断完善,覆盖城乡的基本医疗卫生制度逐步建立和完善,人民身体素质日益改善。党的十八大以来,我国卫生事业投入力度进一步加大,妇幼保健水平不断提高。2019

年，我国人均预期寿命达到 77.3 岁，城镇居民人均预期寿命超过 80 岁，居民主要健康指标优于世界中高收入国家平均水平。

社会保障水平不断提高。新中国成立初期，我国社会保障几乎为空白。新中国成立后特别是改革开放以来，我国社会保障制度逐步建立，覆盖面持续扩大。党的十八大以来，多层次社会保障体系不断健全。目前，我国以社会保险为主体，包括社会救助、社会福利、社会优抚等制度在内，功能完备的社会保障体系基本建成，基本医疗保险覆盖超过 13 亿人，基本养老保险覆盖近 10 亿人，建成世界上规模最大的社会保障体系。社会保障水平的不断提高，为推进人口规模巨大的现代化提供了有利条件。

中国推进人口规模巨大现代化的深层逻辑

坚持和加强党的领导，坚持以人民为中心的发展思想，充分发挥我国社会主义制度的显著优势，能够广泛凝聚起 14 亿中国人民投身现代化建设、创造幸福美好生活，不断推进人口规模巨大的现代化。

坚持和加强党的领导。习近平总书记强调："办好中国的事情，关键在党。"让社会主义现代化建设的成果惠及全体人民，是当代中国共产党人践行初心使命的重大实践。在我国这样一个经济和人口规模巨大的国家，让全体人民携手迈入现代化是一件十分不容易的大事。党的十八大以来，以习近平同志为核心的党中央总揽全局、协调各方，在经济社会发展中把方向、谋大局、定政策、促改革，统筹推进"五位一体"总体布局，协调推进"四个全面"战略布局，推动人口规模巨大的现代化不断迈出坚实步伐。事实证明，中国共产党具有无比坚强的领导力、组织力、执行力，是团结带领人民攻坚克难、开拓前进最可靠的领导力量。有了党的坚强领导，国家治理就有了坐镇中军帐的"帅"，现代化建设就有了坚强的"领航者"，亿万人民就有了众志成城的"主心骨"，就能推动人口规模巨大的现代化不断迈出新步伐、取得新成效。

坚持以人民为中心。我们党始终坚持以人民为中心的发展思想，把实现好、维护好、发展好最广大人民根本利益作为一切工作的出发点和落脚点，一件事情接着一件事情办，一年接着一年干，办好就业、教育、社保等民生实事，使改革发展成果更多更公平惠及全体人民。《规划纲要》把坚持以人民为中心作为"十四五"时期经济社会发展必须遵循的原则之一，强调坚持人民主体地位，坚持共同富裕方向，始终做到发展为了人民、发展依靠人民、发展成果由人民共享，维护人民根本利益，激发全体人民积极性、主动性、创造性，促进社会公平，增进民生福祉，不断实现人民对美好生活的向往。实践证明，坚持以人民为中心的发展思想，坚持人民至上、坚持共同富裕，推进人口规模巨大的现代化就能得到最广大人民的拥护和支持，就有不竭的动力源泉。

充分发挥制度优势。习近平总书记指出："要在坚持以经济建设为中心的同时，全面推进经济建设、政治建设、文化建设、社会建设、生态文明建设，促进现代化建设各个环节、各个方面协调发展"。我国社会主义制度具有能够集中力量办大事的政治优势，这一优势保证我国能够在统筹兼顾中协调处理好现代化建设各方面、各领域的关系，在重要产业、基础设施、战略资源、重大科技等关键领域实现突破，在面临重大风险和挑战时最大限度保护人民生命财产安全。让14亿中国人民携手迈入现代化，是一项繁重、复杂的系统工程，必须充分发挥我国社会主义制度的政治优势，有效调动各方面积极性，集中力量办大事，促进各地区各部门、各行各业、各条战线全面参与，心往一处想、劲往一处使，汇聚起现代化建设的强大合力。

《人民日报》（2021年04月02日）

更加重视人的全面发展

孙来斌

习近平总书记指出:"我们将坚持以人为本,全面推进经济建设、政治建设、文化建设、社会建设、生态文明建设,促进现代化建设各个方面、各个环节相协调"。这深化了我们党对社会主义现代化建设规律的认识,指导和推动我国社会主义现代化建设不断迈出坚实步伐。全面建设社会主义现代化国家,必须更加重视人的全面发展。

唯物史观认为,人类社会发展是一个从低级到高级、由简单到复杂的过程。作为人类社会发展的现代表现,现代化反映一个国家现代文明的发展过程。在这个过程中,人是最具有决定性和创造性的力量,是最活跃的要素。人的全面发展影响和决定着其他方面的现代化,是现代化的实质和核心。恩格斯指出:"我们的目的是要建立社会主义制度,这种制度将给所有的人提供健康而有益的工作,给所有的人提供充裕的物质生活和闲暇时间,给所有的人提供真正的充分的自由。"如何保持人的全面发展与社会现代化的平衡,是世界现代化史上的一大难题。一些国家和地区推进现代化的经验教训表明,精神文明建设滞后于物质文明建设,见物不见人,往往导致人文精神的迷失,最终拖延整个现代化的进程。

中国共产党历来重视人的发展,强调人的发展与社会发展、与社会现代化的辩证统一。中国特色社会主义进入新时代,以习近平同志为核心的党中央坚持以人民为中心,更加重视促进人的全面发展和社会全面进步,推动实现物的不断丰富和人的全面发展相统一。这反映了现代化的发展规律,丰富和发展了马克思主义人的全面发展理论。

在一个国家,人的全面发展主要通过人口素质的提升和发展体现出来,具体表现为较高的人口智力水平、文明的社会风尚、良好的国民健康水平等方面的内容。作为世界上第一人口大国,中国如此巨大的人口体量进入现代化,这在世界上前所未有。有资料表明,18世纪下半叶英国开启现代化时人口是千万级的,20

世纪后美国逐渐领跑现代化时人口是上亿级的，中国的现代化是"10亿级"超大人口规模的现代化。当今世界，实现工业化的发达国家和地区的人口总和不到10亿人。中国实现现代化，意味着世界上实现现代化国家和地区的人口翻了一番多。这将彻底改写现代化的世界版图，在人类发展史上产生重大而深远的影响。

中国式现代化坚持以人民为中心，是为了人民、依靠人民、成果由人民共享的现代化。改革开放以来特别是党的十八大以来，我国脱贫攻坚战取得全面胜利，全面建成小康社会取得伟大历史性成就，人的全面发展取得新进步。也应看到，我国社会主要矛盾发生了转化，人民对美好生活的向往总体上已经从"有没有"转向"好不好"，呈现多样化、多层次、多方面的特点。这对我们推进社会主义现代化建设提出了新的更高的要求。

习近平总书记强调："在全面建设社会主义现代化国家新征程中，我们必须把促进全体人民共同富裕摆在更加重要的位置，脚踏实地、久久为功，向着这个目标更加积极有为地进行努力，促进人的全面发展和社会全面进步"。全面建成社会主义现代化强国、实现中华民族伟大复兴的中国梦，必须坚持以人民为中心的发展思想，破除制约高质量发展、高品质生活的体制机制障碍，不断满足人民日益增长的美好生活需要，努力改善人民生活品质。坚持以社会主义核心价值观引领文化建设，落实好《新时代公民道德建设实施纲要》《新时代爱国主义教育实施纲要》，推动形成适应新时代要求的思想观念、精神面貌、文明风尚、行为规范，进一步提高社会文明程度。青年学生是国家和民族的未来，是推进现代化的生力军。促进人的全面发展，需要全面贯彻党的教育方针，落实立德树人根本任务，健全学校家庭社会协同育人机制，增强青年学生文明素养、社会责任意识、实践本领，培养德智体美劳全面发展的社会主义建设者和接班人。

《人民日报》（2021年04月02日）

不断增进人民福祉

黄 海

习近平总书记指出:"新中国成立不久,我们党就提出建设社会主义现代化国家的目标,未来30年将是我们完成这个历史宏愿的新发展阶段。"消除贫困、改善民生、实现共同富裕是社会主义的本质要求,是我们党坚持全心全意为人民服务根本宗旨的重要体现。推进中国式现代化,必须始终坚持以人民为中心,努力满足人民日益增长的美好生活需要,不断增进人民福祉。

进一步提高人民收入水平。习近平总书记强调:"满足人民日益增长的物质需求,必须抓好经济社会建设,增加社会的物质财富。"抓好经济社会建设,不断增加社会物质财富,大力提高人民收入水平和生活水平，才能不断满足人民日益增长的美好生活需要，为实现我国社会主义现代化提供坚实物质基础。"十三五"时期，我国人民收入水平得到较大提升，2020年全国居民人均可支配收入达32189元；城乡差距逐步缩小，城乡居民人均可支配收入比值为2.56，比上年缩小0.08；人均国内生产总值连续两年超过1万美元，稳居中等偏上收入国家行列。但也应看到，同发达国家相比，我国人均收入水平仍有较大差距。《中华人民共和国国民经济和社会发展第十四个五年规划和2035年远景目标纲要》把改善民生放在更加突出的位置，设定的20项指标中有7个是民生福祉类，占比超过1/3，为历次五年规划中最高，覆盖就业、收入、教育、医疗、养老、托育等民生领域。进一步提高人民收入水平，要强化就业优先政策，坚持经济发展就业导向，实现更加充分更高质量就业；优化收入分配结构，坚持居民收入增长和经济增长基本同步、劳动报酬提高和劳动生产率提高基本同步，持续提高低收入群体收入，扩大中等收入群体，更加积极有为地促进共同富裕。

全面推进健康中国建设。习近平总书记指出："人民健康是社会主义现代化的重要标志。"加快提高卫生健康供给质量和服务水平，是适应我国社会主要矛盾变化、满足人民美好生活需要的要求，也是实现经济社会更高质量、更有效率、更加公平、更可持续、更为安全发展的基础。面对人民群众多层次多样化健康需求，要全面推进健康中国建设，把保障人民健康放在优先发展的战略位置，融入经济社会发展各项政策，加快发展卫生健康事业，扩大优质健康资源供给，不断增强人民群众的获得感幸福感安全感，让我国现代化更好造福人民。"十三五"时期，我国卫生健康事业取得显著成就，城乡居民健康水平持续提高。人均预期寿命从2015年的76.3岁提高到2019年的77.3岁，人民健康水平总体上优于中高收入国家平均水平。"十四五"时期，要把保障人民健康放在优先发展的战略位置，坚持预防为主的方针，深入实施健康中国行动，为人民提供全方位全生命期健康服务。改革疾病预防控制体系，强化监测预警、风险评估、流行病学调查等职能。坚持基本医疗卫生事业公益属性，深化医药卫生体制改革，扩大医疗服务资源供给。健全全民医保制度，推动中医药传承创新，深入开展爱国卫生运动，促进全民养成文明健康生活方式。

健全多层次社会保障体系。习近平总书记强调："社会保障是保障和改善民生、维护社会公平、增进人民福祉的基本制度保障，是促进经济社会发展、实现广大人民群众共享改革发展成果的重要制度安排，是治国安邦的大问题。"党的十九大报告绘就了我国到2035年基本实现现代化、到本世纪中叶全面建成社会主义现代化强国的宏伟蓝图，也为完善中国特色社会保障体系提供了行动指南。"十三五"时期，我国建成了世界上规模最大的社会保障体系，基本医疗保险覆盖超过 13 亿人，基本养老保险覆盖近 10 亿人，社会保障水平明显提升。也应看到，随着社会主要矛盾发生转化，人民需求的多样化、就业方式的多样化、人口老龄化趋势的发展、经济增长方式的转变等，都会对完善社会保障体系造成一定影响，对推进人口规模巨大的现代化带来新挑战。"十四五"时期，要坚持应保尽保原则，改革完善社会保险制度，优化社会救助和慈善制度，健全退役军人工作体系和保障制度，加快健全覆盖全民、统筹城乡、公平统一、可持续的多层次社会保障体系，进一步织密社会保障安全网，促进我国社会保障事业高质量发展、可持续发展，为广大人民群众提供更可靠、更充分的保障，不断满足人民群众多层次多样化需求。

《人民日报》（2021 年 04 月 02 日）

★ **拓展阅读**

何为"人口均衡型"社会

人口均衡是指人口的发展与经济社会发展水平相协调、与资源环境承载能力相适应,人口总量适度、素质全面提升、结构优化、分布合理,以及人口系统内部各个要素之间协调平衡发展。

新中国成立初期,我国人口迅速增加,与土地、粮食、就业岗位等资源之间出现严重的不平衡。1959年至1961年,由于粮食减产,人均消费量大幅减少,其中粮食消费减少19.4%,猪肉消费减少69.9%,粮食、农副产品供应严重短缺,人民生活陷入困境。人口出生率从1958年的29‰降至1960年的20‰。1962年至1965年,随着经济状况有所好转,补偿性生育使人口出生率很快回升至38‰左右。1949年至1971年期间,除三年自然灾害期以外，人口增长率一直处于迅猛上升过程中。1949年至1965年，从16‰上升到28‰。1960年至1969年，每年平均净增人数达1600万，最高的1963年达到2270万。此时，人口发展与经济、社会、资源、环境发展的矛盾尖锐：人均耕地面积从1965年的2.14亩降至1970年的1.48亩，1970年的人均粮食比1955年降低10斤；消费水平的提高，也因为部分消费资金用于新增加的人口而受到限制。人口的过快增长，已经对人口自身和经济、社会、资源、环境的发展造成破坏性影响。

面对巨大的人口压力，我国从20世纪70年代初开始实行计划生育政策，努力通过控制人口过快增长，改变人口发展与经济、社会、资源、环境发展失衡的现象，使人口的发展水平与经济、社会、资源、环境的发展水平相适应。经过几十年的努力，我国有效控制人口过快增长的趋势，实现了人口再生产类型的历史性跨越。1971年至1998年间，计划生育因素使我国少出生人口3.38亿，人均国内生产总值从417.7元增至6490.1元，居民消费水平从227元增至3094元；如果不实行计划生育，同期人均国内生产总值和居民消费水平只能分别从363元增至4099.5元，从197.3元增至1954.4元。1970年至1997年，我国人均粮食产量从293.2公斤增至401.7公斤，基本实现粮食自给；如果不实行计划生育，将使我国陷入严重的粮食短缺。1997年，我国人均耕地面积、森林面积、水资源分别为1.15亩、0.11公顷、2275立方米;如果不实行计划生育,将分别降至0.93亩、0.09公顷、1836立方米。这些数据充分印证计划生育政策的实质,就是改变人口失衡状况,引导人口均衡发展。

20世纪80年代以后,我国人口的性别结构出现失衡现象,尤其是人口出生性别比失衡日益严重。大量统计数据证实,人口出生性别比的正常值为103—107。我国人口出生性别比自80年代起一直偏高且持续攀升,2000年以来一直维持在118—120左右的水平上,2008年达121,2010年仍为118。

进入2000年,我国人口开始出现年龄结构失衡状况,主要表现为:一是老龄化水平与目前经济、社会发展水平不均衡。我国在2000年进入老年社会,该年底全国60岁以上老年人口比例为10.2%,65岁及以上的为7.1%。2000年至2010年,我国老年人口的平均增速远快于总人口增速。老年人口绝对数量及其占人口比例的增加,是人类生育率下降、寿命延长、社会进步的一种表现,但从人口均衡发展的角度来审视,则应看到老龄化对我国经济和社会发展形成巨大的压力,老龄化将成为一个严重的社会问题。二是人口年龄结构与人口规模不均衡。人口规模控制越严格,人口老龄化速度越快,老龄化状况越严重;但如果放弃人口规模控制,人口老龄化的进程会减慢,生育率却会反弹上升,人口总量必然以更快的速度增加。所以，我们必须全面考虑人口总量增长与老龄化加快两个方面的问题，力求找到一个最佳平衡点，使总负面影响达到最小值。

纵观新中国成立以来的人口发展历程，可以发现我国人口发展一直面临诸多问题和挑战，主要包括人口规模过大、人口增长过快、老龄化态势严峻、性别结构失衡、人口与资源环境的关系紧张等。这些问题可以归结为一句话：人口发展不均衡。

无论人口规模的大小还是增长的快慢，本身并不是问题，只有当它们超出经济、社会、资源、环境等所能承受的范围，出现不均衡的时候，才真正成为问题。我们通过控制人口过快增长实现人口再生产类型的转变，而后在稳定低生育水平的基础上，以人的全面发展统筹解决人口问题，为经济、社会、资源、环境的协调和可持续发展创造了良好的人口环境。尽管这些政策致力于解决的问题不尽相同，在不同时期侧重点也有所转变，手段更是多种多样，但归结起来有一个共同目标：纠正人口不均衡发展态势，引导人口向均衡方向发展。

虽然人口均衡发展是我们追求的一种理想状态，但在现实中人口自身往往不能自动实现均衡，更多的是人口不均衡的现象。所以，有必要将"人口均衡"作为一种人口发展的总体性目标提出，为实现这个目标而努力。

人口各个方面的发展都很重要，必须始终注重均衡发展，不应该也不可能先发展其中一方面，再发展另一方面。人口发展不同于经济发展，优先战略是行不通的。人口发展的各个方面，如规模、素质、结构等，都是关系到国计民生最基础、最根本的问题，任何一个方面都不能暂缓发展或落后于其他方面发展。此外，人口变量有自身的特殊性，它的变化具有长期性、周期性的特点，所产生的影响十分深远，不可能在短时间内消除。如果优先发展某一方面而忽视另一方面，等到日后再来纠正时，就会付出巨大的时间、经济和社会代价。

人口问题是社会最基础也是最重要的问题之一。要把"人口均衡"作为人口发展的目标，就必须站在社会建设的高度，致力于建设"人口均衡型"社会。

引导人口均衡发展，建设"人口均衡型"社会是对我国多年来人口调控理论思考与政策实践的精准概括。我们搞计划生育，是为实现人口数量的均衡；治理出生性别比失衡，是为实现人口性别结构的均衡；积极应对老龄化进程，是为实现人口年龄结构的均衡。可以说，"均衡"是我国人口与计划生育工作的主题词，40多年来人口调控的实践就是建设"人口均衡型"社会的实践。

实现人口均衡是建设和谐社会的内在要求，建设"人口均衡型"社会是建设和谐社会的重要内容之一。人口是社会生产行为的主体，马克思曾经阐明人口的社会属性以及人口在社会生产中的地位和作用，指出人口是"全部社会生产行为的基础和主体"。如果构成社会主体的人口发展不均衡，这个社会就不可能是和谐的、可持续的。从全面、协调、可持续发展的角度讲，只有把人口均衡、资源节约、环境友好三个方面的工作都做好，才能真正实现可持续发展，实现社会和谐。

人口均衡发展的思想早有人提出，并得到广泛认可，现在提出建设"人口均衡型"社会，只是将这些思想和主张更加明确化、系统化。马克思早就提出，人口生产必须同物质资料生产相协调的思想。恩格斯进一步明确了社会生产包括物质资料的生产和再生产，以及人类自身的生产和再生产。这两种生产必须保持一定的比例，人口增长与经济增长相适应是一切社会都必须遵循的原则。这些理论的实质就是追求人口均衡发展。20世纪初的适度人口理论研究中的最优人口规模或增长率，其实就是在追求人口规模或增长率与经济、军事实力等要素的最优均衡点。20世纪50年代后，西方学者意识到人口的发展必须与经济、社会、资源、环境相协调，涌现出一大批有关这方面的理论，最终促成了可持续发展思想和战略的形成，将人口与经济、社会、资源、环境纳入统一的考虑范畴和行动纲领之中。提出建设"人口均衡型"社会的目标，主张人口发展与经济、社会、资源、环境发展相协调，正是继承了这些人类思想的精华,顺应了历史发展的趋势,尤其符合现阶段我国经济社会发展的迫切要求。

人口、资源、环境的均衡发展是可持续发展战略的主要内容,人口、资源与环境是相互作用、相互影响的有机统一体,无法割裂,缺一不可。随着我国可持续发展战略的深入实施,继提出建设"资源节约型"和"环境友好型"社会后,我们应该尽快弥补人口发展目标的缺位,将"两型社会"调整为"三型社会"。也就是说,与人口、资源、环境均衡发展相适应,我们要大力建设"人口均衡型"社会、"资源节约型"社会、"环境友好型"社会。

知识链接

促进人口红利向人才红利转变

国家发展靠人才，民族振兴靠人才。近年来，随着人口老龄化程度不断加深，我国劳动年龄人口占比趋于下降，人口红利优势逐渐减弱。克服人口红利减弱对经济发展的影响，必须促进人口红利向人才红利转变，加快建立人才资源竞争优势。

人口素质和人力资本是构成人才红利的重要基础，创造人才红利必须提高人口素质，积累人力资本。要提高人口健康素质，注重劳动者身心素质和综合素质的培养。大力实施"健康中国"战略，积极推动医疗卫生体制改革，改善学校体育教育和健康教育，促进青少年德智体美劳全面发展。既注重新增劳动者素质，又注重提高在职劳动者素质，让人们健康成长、健康工作，推动人口和经济社会持续、协调、健康发展。要加强学校教育，创新职业培训。教育是提高人口素质、积累人力资本最有效、最直接的途径。要推动各级各类教育协调发展，全面提升高等教育发展水平，积极发展现代职业教育，加强产教融合、校企合作，培养更多高素质劳动者。要培育创新型人才。加强人力资本积累，必须提升人才质量、优化人才结构，打造高水平的人才队伍。在全社会大兴识才爱才敬才用才之风，加速科技人才集聚，在创新实践活动中发现人才、培育人才、凝聚人才，打造一支质量高、结构优的人才队伍。要大力弘扬劳模精神、劳动精神、工匠精神。营造劳动光荣的社会风尚和精益求精的敬业风气，培养更多高素质技术技能人才、能工巧匠、大国工匠，造就一支有理想守信念、懂技术会创新、敢担当讲奉献的宏大产业工人队伍。

充分发挥人才红利，需要创造有利条件、营造良好环境，努力实现人尽其才、才尽其用。当前，我国经济发展已由高速增长阶段转向高质量发展阶段。推动经济高质量发展，必须优化产业结构、转换增长动力，实现发展方式从规模速度型转向质量效率型。当今世界正经历百年未有之大变局，新冠肺炎疫情全球大流行使这个大变局加速变化，世界进入动荡变革期。应对内外部环境的深刻复杂变化，必须把科技自立自强作为国家发展的战略支撑。无论是转变发展方式还是实现科技自立自强，归根结底都要靠人才、靠充分发挥人才的作用。这就要求健全高端人才和创新人才培养、引进、使用机制，注重激发广大科研人员的创造力，特别是要激发科技领军人才、战略科学家、青年科学家等人才群体的创新创造活力。适应人口素质提高、劳动年龄延长、智力劳动占比上升的趋势，大力发展现代服务业和新兴产业，使产业结构和劳动力结构更加匹配，充分发挥各层次劳动力作用。以科技创新为核心，带动其他各领域创新，大力实施创新驱动发展战略，为人才发挥作用创造更大舞台。加强产学研结合，既培养造就更多有用之才，又加快科技成果转化，努力形成人才成长、科技创新、产业发展的良性循环，让我国的人才红利越来越厚实。

全体人民共同富裕的现代化

　　消除贫困、改善民生、实现共同富裕，是社会主义的本质要求，是中国共产党矢志不渝的奋斗目标。随着我国全面建成小康社会、开启全面建设社会主义现代化国家新征程，我们必须把促进全体人民共同富裕摆在更加重要的位置，脚踏实地，久久为功，向着这个目标更加积极有为地进行努力。要始终坚持以人民为中心的发展思想，始终坚持发展为了人民、发展依靠人民、发展成果由人民共享，让改革发展成果更多更公平惠及全体人民。

> 新知先学

共同富裕是中国式现代化的重要特征

共同富裕是社会主义的本质要求,是中国式现代化的重要特征。习近平总书记强调:"必须把促进全体人民共同富裕摆在更加重要的位置,脚踏实地,久久为功,向着这个目标更加积极有为地进行努力。"在迈向现代化的过程中,我们始终坚持以人民为中心的发展思想,始终坚持发展为了人民、发展依靠人民、发展成果由人民共享,追求"让改革发展成果更多更公平惠及全体人民"的共同富裕,彰显了正确的发展观、现代化观。

实现共同富裕不仅是经济问题,而且是关系党的执政基础的重大政治问题;不仅是发展目标,而且是我们党坚持全心全意为人民服务根本宗旨的重要体现。改革开放后,我们党深刻总结正反两方面历史经验,认识到贫穷不是社会主义,打破传统体制束缚,允许一部分人、一部分地区先富起来,推动解放和发展社会生产力。

中国特色社会主义进入新时代,以习近平同志为核心的党中央把逐步实现全体人民共同富裕摆在更加重要的位置上,采取有力措施保障和改善民生,我国实现了第一个百年奋斗目标,在中华大地上全面建成了小康社会,历史性地解决了绝对贫困问题,为促进共同富裕创造了良好条件。

现在,我们党带领全国人民正在意气风发向着全面建成社会主义现代化强国的第二个百年奋斗目标迈进。必须适应我国社会主要矛盾的变化,更好满足人民日益增长的美好生活需要,把促进全体人民共同富裕作为为人民谋幸福的着力点,不断夯实党长期执政基础。

坚定不移走共同富裕道路

艾四林

在全国脱贫攻坚总结表彰大会上,习近平总书记庄严宣告:"我国脱贫攻坚战取得了全面胜利"。这标志着我们党在团结带领人民创造美好生活、实现共同富裕的道路上迈出了坚实的一大步,也意味着我国社会主义现代化建设取得了又一个巨大成就。我国社会主义现代化建设之所以得到广大人民支持、取得辉煌成就,一个重要原因是我们在现代化征程上坚定不移走共同富裕道路。

共同富裕是中国人民自古以来的理想追求

千百年来，中华民族为消除贫困，过上富足、美好生活进行着不懈奋斗。习近平总书记指出："一部中国史，就是一部中华民族同贫困作斗争的历史。"从孔子的"不患寡而患不均，不患贫而患不安"、孟子的"老吾老以及人之老，幼吾幼以及人之幼"，到《礼记·礼运》描绘的"小康"社会和"大同"社会状态，反映出中国人民自古以来对幸福生活、共同富裕的期盼和憧憬。然而在生产力水平低下、剥削阶级占统治地位的制度下，共同富裕只能是遥不可及的梦想。

当人类社会发展到资本主义社会，虽然生产力快速发展、物质财富快速增长，但劳动人民贫困化和社会贫富两极分化的程度却不断加深。马克思指出："在一极是财富的积累，同时在另一极，即在把自己的产品作为资本来生产的阶级方面，是贫困、劳动折磨、受奴役、无知、粗野和道德堕落的积累。"在揭露、批判资本主义制度弊端的基础上，马克思、恩格斯指出："无产阶级的运动是绝大多数人的，为绝大多数人谋利益的独立的运动"，在未来社会"生产将以所有的人富裕为目的"。

可见，共同富裕是马克思、恩格斯所设想的未来社会的重要特征。马克思主义同中华优秀传统文化和广大人民价值观念相通相融。在现代化征程上坚定不移走共同富裕道路，在我国具有深厚的历史渊源和思想基础。

实现共同富裕是我们党的重要使命

中国共产党是用马克思主义理论武装起来的先进政党。习近平总书记指出："中国共产党从成立之日起，就坚持把为中国人民谋幸福、为中华民族谋复兴作为初心使命，团结带领中国人民为创造自己的美好生活进行了长期艰辛奋斗。"消除贫困、改善民生、实现共同富裕，是社会主义的本质要求，是我们党的重要使命和矢志不渝的奋斗目标。

在新民主主义革命时期，我们党带领广大农民"打土豪、分田地"，实行"耕者有其田"，帮助穷苦人翻身得解放，就是为了让人民摆脱贫困，过上好日子。新中国的成立、社会主义制度的建立，为实现共同富裕奠定了根本政治前提和制度基础。我们坚定走社会主义道路，就是坚信这条道路能改变中国一穷二白的落后面貌，让人民过上共同富裕的生活。毛泽东同志指出："现在我们实行这么一种制度，这么一种计划，是可以一年一年走向更富更强的，一年一年可以看到更富更强些。而这个富，是共同的富，这个强,是共同的强,大家都有份。"

进入改革开放历史新时期,邓小平同志指出:"社会主义最大的优越性就是共同富裕,这是体现社会主义本质的一个东西。"江泽民同志强调:"实现共同富裕是社会主义的根本原则和本质特征,绝不能动摇。"胡锦涛同志强调:"使全体人民共享改革发展的成果,使全体人民朝着共同富裕的方向稳步前进"。在推进社会主义现代化的进程中,我们党始终把实现共同富裕作为奋斗目标,坚持以经济建设为中心,大力解放和发展社会生产力,不断提高人民生活水平。

进入新时代,以习近平同志为核心的党中央明确指出:"人民对美好生活的向往,就是我们的奋斗目标",并提出了全面建成小康社会新的目标要求。党的十九大报告提出,到2035年"全体人民共同富裕迈出坚实步伐",到本世纪中叶"全体人民共同富裕基本实现,我国人民将享有更加幸福安康的生活"。党的十九届五中全会提出了更为具体的要求:到2035年"人均国内生产总值达到中等发达国家水平,中等收入群体显著扩大,基本公共服务实现均等化,城乡区域发展差距和居民生活水平差距显著缩小""人的全面发展、全体人民共同富裕取得更为明显的实质性进展"。这些重要论述,指明了实现共同富裕的前进方向,描绘了实现共同富裕的宏伟蓝图。

为了逐步实现共同富裕，以习近平同志为核心的党中央把脱贫攻坚摆在治国理政的突出位置，把脱贫攻坚作为全面建成小康社会的底线任务，组织开展了声势浩大的脱贫攻坚战，在迎来中国共产党成立100周年的重要时刻，我国脱贫攻坚战取得了全面胜利，现行标准下农村贫困人口全部脱贫，贫困县全部摘帽，消除了绝对贫困和区域性整体贫困，创造了又一个彪炳史册的人间奇迹。

社会主义现代化追求的是共同富裕

现代化是一个世界性潮流，实现现代化是各国人民的共同向往。在经济文化相对落后的国家建设社会主义，一个紧迫任务就是实现现代化。

近代以来，随着资本主义发展，一些西方国家率先迈入现代化国家行列。这些国家的一些人视西方国家为现代化国家、现代化社会的典范，认为其他国家只有接受西方模式才能走向现代化。但是，世界上没有两片完全相同的树叶。由于历史文化和国情不同，西方现代化的一些成功经验虽可借鉴，但决不可简单复制、照抄照搬。毛泽东同志指出："资本主义道路，也可增产，但时间要长，而且是痛苦的道路。我们不搞资本主义，这是定了的"。

改革开放初期,邓小平同志指出:"现在搞建设,也要适合中国情况,走出一条中国式的现代化道路"。

富裕是各国现代化追求的目标,但中国式现代化追求的是共同富裕。习近平总书记指出:"中国人民的成功实践昭示世人,通向现代化的道路不止一条,只要找准正确方向、驰而不息,条条大路通罗马。""共同富裕本身就是社会主义现代化的一个重要目标。"理论和实践均已证明,我们追求的发展是造福人民的发展,我们追求的富裕是全体人民共同富裕,要使全体人民朝着共同富裕方向稳步前进,绝不能出现"富者累巨万,而贫者食糟糠"的现象。全体人民共同富裕,凸显了中国式现代化的社会主义性质,丰富了人类现代化的内涵,为解决人类问题贡献了中国智慧和中国方案。

在新征程中把促进全体人民共同富裕摆在更加重要的位置

在一个14亿人口的大国实现全体人民共同富裕,是一项前无古人的伟大事业。在全面建设社会主义现代化国家新征程中,我们必须把促进全体人民共同富裕摆在更加重要的位置,脚踏实地、久久为功,向着这个目标更加积极有为地进行努力。

充分发挥党的集中统一领导和我国社会主义制度的政治优势。在新征程中推进共同富裕,要充分发挥党的集中统一领导和我国社会主义制度的政治优势,做好共同富裕的顶层设计,不断探索促进共同富裕的制度、政策和工作体系,确保"共同富裕路上,一个也不能掉队",走出一条具有中国特色的共同富裕之路。党的十九届五中全会向着更远的目标谋划共同富裕,《中华人民共和国国民经济和社会发展第十四个五年规划和2035年远景目标纲要》作出了具体部署。只要我们坚持党的全面领导,咬定目标不放松,一张蓝图干到底,就一定能够在促进全体人民共同富裕的道路上不断迈出坚实步伐。

坚持以人民为中心的发展思想。实现共同富裕体现了以人民为中心的根本立场。中国特色社会主义进入新时代,我国社会主要矛盾已经转化为人民日益增长的美好生活需要和不平衡不充分的发展之间的矛盾,人民对美好生活、实现共同富裕的期待越来越高。这要求我们充分调动人民群众的积极性、主动性、创造性,举全民之力推进中国特色社会主义事业,不断把"蛋糕"做大;同时始终把满足人民对美好生活的新期待作为发展的出发点和落脚点,把不断做大的"蛋糕"分好,通过提高人民收入水平、强化就业优先政策、建设高质量教育体系、健全多层次社会保障体系、全面推进健康中国建设、实施积极应对人口老龄化国家战略等举措改善人民生活品质，让社会主义制度的优越性得到更充分体现，让广大人民群众获得感幸福感安全感更加充实、更有保障、更可持续。

坚持以推动高质量发展为主题。改革开放40多年来，我国经济社会发展取得了巨大成就，国内生产总值连续多年稳居世界第二位，但经济大而不强的问题依然突出，我国仍然是世界上最大的发展中国家，发展仍然是解决我国一切问题的关键。习近平总书记强调："新时代新阶段的发展必须贯彻新发展理念，必须是高质量发展。"以推动高质量发展为主题，必须坚定不移贯彻新发展理念，以深化供给侧结构性改革为主线，坚持质量第一、效益优先，切实转变发展方式，推动质量变革、效率变革、动力变革，使发展成果更好惠及全体人民，为实现共同富裕奠定更为坚实的物质基础。

实现巩固拓展脱贫攻坚成果同乡村振兴有效衔接。我国脱贫攻坚战取得了全面胜利，但发展不平衡不充分问题仍然突出，城乡区域发展和收入分配差距较大，必须切实做好巩固拓展脱贫攻坚成果同乡村振兴有效衔接各项工作，接续推进脱贫地区发展和群众生活改善，努力使脱贫地区实现产业兴旺、生态宜居、乡风文明、治理有效、生活富裕。日前发布的《中共中央国务院关于实现巩固拓展脱贫攻坚成果同乡村振兴有效衔接的意见》明确了到 2025 年、到 2035 年的目标任务：到 2025 年，脱贫攻坚成果巩固拓展，乡村振兴全面推进，脱贫地区经济活力和发展后劲明显增强；到 2035 年，脱贫地区经济实力显著增强，乡村振兴取得重大进展，农村低收入人口生活水平显著提高，城乡差距进一步缩小，在促进全体人民共同富裕上取得更为明显的实质性进展。实现这样的目标任务，意味着全体人民共同富裕取得新的重大进展。

《人民日报》(2021 年 04 月 09 日)

让发展成果更多更公平惠及全体人民

何传启

现代化既是一种世界现象和国际潮流，又是我国的发展目标和全体人民的共同期盼；既有普遍规律和共性特征，又有国别特色和多样性。党的十九大报告提出到本世纪中叶把我国建成富强民主文明和谐美丽的社会主义现代化强国。到那时，我国物质文明、政治文明、精神文明、社会文明、生态文明将全面提升，全体人民共同富裕基本实现，我国人民将享有更加幸福安康的生活。

从世界历史进程看，现代化具有一些共性特征。首先，现代化是一种世界现象，代表着18世纪工业革命以来人类社会发展趋势。其次，现代化是一种文明进步，要求人类文明从传统文明向现代文明转变，要求促进人的发展和保护生态环境。学术研究表明，现代化的内涵在不断丰富发展，不仅包括从农业经济向工业经济、从农业社会向工业社会转变，还包括从工业经济向知识经济、从工业社会向知识社会转变等。先发国家的现代化往往经历了一个工业化、城镇化、农业现代化、信息化按顺序发展的过程。后发国家则可以通过工业化、信息化、城镇化、农业现代化叠加发展来大大缩短实现现代化所用的时间。

因历史传统、现实国情、文化传承等不同，不同国家实现现代化有不同的内涵和外延，因而通向现代化的道路也会表现出国别特色和多样性。我国社会主义现代化既具有现代化的一般特征，又深刻体现社会主义本质和中国国情，是人口规模巨大的现代化、全体人民共同富裕的现代化、物质文明和精神文明相协调的现代化、人与自然和谐共生的现代化、走和平发展道路的现代化。其中，全体人民共同富裕深刻体现中国特色社会主义的本质要求，是中国式现代化的一个基本特征。

邓小平同志指出："社会主义的本质，是解放生产力，发展生产力，消灭剥削，消除两极分化，最终达到共同富裕。"新中国成立后特别是改革开放以来，我们党团结带领人民向着实现共同富裕的目标不懈努力，人民生活水平不断提高，在上世纪末总体上达到小康水平。

党的十八大以来，以习近平同志为核心的党中央采取一系列重大举措，大力消除贫困、改善民生、促进实现共同富裕。我们把脱贫攻坚作为重中之重，组织实施了人类历史上规模最大、力度最强的脱贫攻坚战，使现行标准下9899万农村贫困人口全部脱贫，区域性整体贫困得到解决，完成了消除绝对贫困的艰巨任务，脱贫攻坚战取得全面胜利。我们坚持在发展中保障和改善民生，坚持实施就业优先政策，就业规模不断扩大，就业结构持续优化，就业质量稳步提高。2016年到2019年，我国城镇新增就业年均保持在1300万人以上，2020年虽然受到新冠肺炎疫情冲击，我国就业形势依然保持稳定，城镇新增就业达到1186万人；坚持在经济增长的同时实现居民收入同步增长，收入分配状况显著改善，人均可支配收入不断提高，城乡居民收入差距继续缩小，推动形成了世界上规模最大的中等收入群体；全面落实教育优先发展战略，教育总体发展水平已进入世界中上行列；建成世界上规模最大的社会保障体系，到2020年末，我国基本养老保险、基本医疗保险、失业保险和工伤保险参保人数分别达到9.99亿人、13.6亿人、2.17亿人和2.68亿人；实施健康中国战略，2015年到2019年，居民人均预期寿命从76.34岁提高到77.3岁，主要健康指标总体上优于中高收入国家平均水平。消除贫困、改善民生的巨大成就充分表明，共同富裕是我国社会主义现代化的重要目标和基本特征，它不仅仅是一种美好的理念和愿景，更是具有巨大实践成效的扎实行动。

我们在实现共同富裕的道路上迈出了坚实的一大步，但要看到，我国发展不平衡不充分问题仍然突出，城乡区域发展和收入分配差距较大，促进全体人民共同富裕仍是一项长期任务。习近平总书记指出："在全面建设社会主义现代化国家新征程中，我们必须把促进全体人民共同富裕摆在更加重要的位置，脚踏实地、久久为功，向着这个目标更加积极有为地进行努力"。这为我们在新征程中推动实现全体人民共同富裕指明了方向。

我们要深入学习贯彻习近平新时代中国特色社会主义思想，完整、准确、全面贯彻新发展理念，始终把满足人民对美好生活的新期待作为发展的出发点和落脚点，在实现现代化过程中不断地、逐步地解决好共同富裕问题。切实做好巩固拓展脱贫攻坚成果同乡村振兴有效衔接各项工作，让脱贫基础更加稳固、成效更可持续。坚持把解决好"三农"问题作为全党工作重中之重，坚持农业农村优先发展，走中国特色社会主义乡村振兴道路，让低收入人口和欠发达地区共享发展成果，在现代化进程中不掉队、赶上来。自觉主动解决地区差距、城乡差距、收入差距等问题，坚持在发展中保障和改善民生，统筹做好就业、收入分配、教育、社保、医疗、住房、养老、扶幼等各方面工作，更加注重向农村、基层、欠发达地区倾斜，向困难群众倾斜，促进社会公平正义，让发展成果更多更公平惠及全体人民，不断推动全体人民共同富裕取得更为明显的实质性进展。

《人民日报》（2021年04月09日）

接续推进脱贫地区发展和群众生活改善

张欣怡

在全面建设社会主义现代化国家新征程中把促进全体人民共同富裕摆在更加重要的位置，要在巩固拓展脱贫攻坚成果的基础上做好乡村振兴这篇大文章，接续推进脱贫地区发展和群众生活改善。在脱贫攻坚实践中，我国综合运用教育、文化、科技等手段，不断提高贫困群众脱贫内生动力和贫困地区发展能力，取得良好成效。这些有益探索，对于巩固拓展脱贫攻坚成果、全面推进乡村振兴也具有重要价值。

教育是脱贫致富的治本之策。党的十八大以来，在以习近平同志为核心的党中央坚强领导下，我国全面落实教育扶贫政策，大力实施教育扶贫工程，提升贫困地区教育质量和均等化程度。在基础教育方面，各地学生资助体系不断完善，贫困生建档立卡流程逐步简化，相关财政投入资金不断增加，义务教育办学条件得到明显改善，努力让每个孩子都有人生出彩的机会。《乡村教师支持计划（2015—2020年）》对乡村教师队伍建设作出全面部署，为乡村教育注入新鲜血液，有效促进了教育资源平衡。在职业教育方面，农村地区职业教育突出"授人以渔"的教育理念，将知识学习与劳动实践结合起来，为农村学生拓展就业渠道，同时培养有文化、懂技术、善经营、会管理的新型职业农民。这说明，教育手段能够普及致富本领，阻断贫困代际传递，对于巩固拓展脱贫攻坚成果、全面推进乡村振兴具有基础性作用。

文化是激励群众依靠勤劳双手和顽强意志脱贫致富、改变命运的重要精神力量。无论脱贫攻坚还是乡村振兴，人民群众都是主体。必须坚持依靠人民群众，充分调动群众积极性、主动性、创造性，激励和引导他们靠自己的努力改变命运，不断增强脱贫致富的内生动力。在这方面，文化的作用不可替代。近年来，随着脱贫攻坚深入推进，对公共文化服务体系的改造提升全面展开。2015年1月中办国办印发的《关于加快构建现代公共文化服务体系的意见》提出，推动革命老区、民族地区、边疆地区、贫困地区公共文化建设实现跨越式发展；集中实施一批文化扶贫项目。

一项贫困地区图书馆发展研究表明，贫困地区的图书馆建设不仅促进农村居民更新文化观念、鼓舞脱贫致富干劲，而且为乡村建设和村民自治注入了活力、促进了乡风文明。这说明，巩固拓展脱贫攻坚成果、全面推进乡村振兴，需要用文化塑造人、鼓舞人、激励人。

科技创新是巩固拓展脱贫攻坚成果、推动乡村全面振兴的重要支撑。2015年8月，国务院印发《促进大数据发展行动纲要》，要求建立"用数据说话、用数据决策、用数据管理、用数据创新"的管理机制。大数据技术被日益广泛地运用到精准扶贫工作中。一项以贵州、甘肃为案例的研究发现，大数据技术在实际应用中，能够有效减少信息不对称等问题，达到数据采集自动化、行业数据融合共享、市场风险预警等效果，进而提升精准扶贫工作的绩效。互联网带动了电商扶贫等新模式的发展，为脱贫致富注入新活力。比如，直播带货等方式被引入农副产品销售后，更多农民能够通过智能手机参与销售环节，也吸引了更多消费者实时参与"助农"行动。这说明，科学技术的应用不仅能直接为农业生产提供技术支持，而且能提高巩固拓展脱贫攻坚成果、全面推进乡村振兴的精准性，增强脱贫地区发展的生机活力，给人民群众带来更好生活、更多福祉。

《人民日报》（2021年04月09日）

> ★ 拓展阅读

绘就全体人民共同富裕的绚丽美景

实现共同富裕,是社会主义的本质要求,是人民群众的共同期盼,是中国共产党矢志不渝的奋斗目标。一百多年来,我们党始终为实现国家繁荣富强、人民共同富裕而不懈奋斗,取得明显成效。浩渺行无极,扬帆但信风。新的征程上,在习近平新时代中国特色社会主义思想指导下,沿着新时代中国特色社会主义的康庄大道奋勇前行,我国必将绘就全体人民共同富裕的绚丽美景。

新中国成立之初,毛泽东同志就提出了我国发展富强的目标,指出"这个富,是共同的富,这个强,是共同的强,大家都有份"。社会主义基本制度的建立,为逐步实现共同富裕奠定了社会制度基础。

改革开放后,邓小平同志多次强调共同富裕,指出"社会主义不是少数人富起来、大多数人穷,不是那个样子。社会主义最大的优越性就是共同富裕,这是体现社会主义本质的一个东西",强调"我们坚持走社会主义道路,根本目标是实现共同富裕,然而平均发展是不可能的"。在改革开放中,我们党从实际出发,允许一部分人、一部分地区先富起来,通过先富带动后富,激发各方面活力,解放和发展社会生产力,为实现共同富裕奠定雄厚物质基础。

党的十八大以来,习近平总书记反复强调,共同富裕是中国特色社会主义的根本原则,实现共同富裕是我们党的重要使命;我们推动经济社会发展,归根结底是要实现全体人民共同富裕。在以习近平同志为核心的党中央坚强领导下,今天的中国,经济总量已经突破100万亿元,人均国民收入超过1万美元,经济实力、科技实力、综合国力和人民生活水平迈上了一个新的大台阶,困扰中华民族几千年的绝对贫困问题历史性地得到解决,全面建成了小康社会,实现了我们党的第一个百年奋斗目标。这些彪炳史册的成就,为促进共同富裕创造了前所未有的条件。

在全面建成小康社会的基础上,我们党带领人民开启了全面建设社会主义现代化国家新征程,向着第二个百年奋斗目标迈进。把促进全体人民共同富裕摆在更加重要的位置、取得更为明显的实质性进展,这是我国社会发展向着更加远大目标、更加美好前程开拓前进必须完成的历史任务,是我们党顺应人民期盼、把握历史主动的重大战略抉择。

促进共同富裕是解决新时代我国社会主要矛盾的必然要求。我国社会主要矛盾已经转化为人民日益增长的美好生活需要和不平衡不充分的发展之间的矛盾,发展不平衡不充分问题突出。推动全体人民共同富裕取得更为明显的实质性进展,是解决这一问题的根本着力点。

促进共同富裕是中国式现代化的重要特征。中国式现代化是全体人民共同富裕的现代化,共同富裕是社会主义现代化的一个重要目标。在全面建设社会主义现代化国家进程中,要自觉、主动地解决地区差距、城乡差距和收入差距等问题,扎实推进共同富裕,坚决防止两极分化,使全体人民共享现代化成果。

促进共同富裕是推动高质量发展的根本目的。我国经济已由高速增长阶段转向高质量发展阶段,高质量发展是能够很好满足人民日益增长的美好生活需要的发展,是共享成为根本目的的发展。共享实质就是坚持以人民为中心的发展思想,体现的是逐步实现共同富裕的要求。推动高质量发展,需要在以人民为中心的发展思想指引下,逐步实现共同富裕。

促进共同富裕不仅是经济问题,而且是关系党的执政基础的重大政治问题。我们党来自人民、植根人民、服务人民,党的根基在人民、血脉在人民、力量在人民。我们党只有始终把人民对美好生活的向往作为奋斗目标,不断推进共同富裕,才能赢得人民的信任和拥护,不断夯实执政基础。

路虽远,行则将至;事虽难,做则必成。在朝着共同富裕目标前进的道路上,我们党从不懈怠、永不停滞。促进全体人民共同富裕是一项长期历史任务,必须脚踏实地,久久为功,逐步推进。

必须深刻把握共同富裕的内涵要求。共同富裕是全体人民共同富裕,不是少数人的富裕;要让发展成果更多更公平惠及全体人民。共同富裕是人民群众物质生活和精神生活都富裕,不是仅仅物质上富裕而精神上空虚;既要满足人们不断增长的物质需要,也要满足人们对精神文化、民主法治、公平正义、发展安全和生态环境等方面的需求。共同富裕是仍然存在一定差距的共同富裕,不是整齐划一的平均主义、同等富裕;要鼓励勤劳致富、创新致富,鼓励辛勤劳动、合法经营、敢于创业的致富带头人,允许一部分人先富起来,先富带后富、帮后富,决不是什么"劫富济贫"。

必须充分估计实现共同富裕的长期性、艰巨性、复杂性。实现共同富裕是一个在动态中向前发展的过程,不可能一蹴而就,也不可能齐头并进。要坚持稳中求进、循序渐进,一件事情接着一件事情办，一年接着一年干，积小胜为大胜，不断朝着全体人民共同富裕的目标前进。

必须牢牢把握促进共同富裕的总体思路。坚持以人民为中心的发展思想，在高质量发展中促进共同富裕，正确处理效率和公平的关系，构建初次分配、再分配、三次分配协调配套的基础性制度安排，加大税收、社保、转移支付等调节力度并提高精准性，扩大中等收入群体比重，增加低收入群体收入，合理调节高收入，取缔非法收入，形成中间大、两头小的橄榄型分配结构，促进社会公平正义，促进人的全面发展，使全体人民朝着共同富裕目标扎实迈进。

知识链接

在高质量发展中扎实推动共同富裕

当前,全球范围内收入不平等正在扩大,尤其是西方发达国家的财富与收入增长的两极化现象正在日趋严重。这也是为什么反对全球化的声音此起彼伏,以及世界经济出现逆全球化思潮的深层次根源所在。在这种背景下,中国率先提出加快推动共同富裕,实现共同富裕发展,本身也是向世界彰显我国道路自信、理论自信、制度自信、文化自信的重要契机,还为全球解决收入分配问题提供中国方案、贡献中国智慧。显然,在未来发展中,最重要的就是在高质量发展中扎实推动共同富裕。

加快推动创新创造创业发展。就业不仅是重大民生问题,也是解决收入分配问题的重中之重,要在推动高质量发展中强化就业优先导向，提高经济增长的就业带动力。积极营造更加良好的创新创业氛围，实现经济增长与就业增长的高度统一，防止增长与就业脱轨，出现无就业的增长。为此，在推动产业结构转型升级发展中，需要更加关注关心就业增长，尽可能实现充分就业，确保在经济发展基础上实现高质量就业。

坚持和完善基本分配制度，坚持按劳分配为主体、其他分配方式并存的分配体制机制。进一步明确初次分配中充分发挥市场配置资源的决定性作用，完善生产要素的市场化定价机制，充分体现初次分配中的效率导向作用，真正实现初次分配的要素配置原则和最大激励作用。就目前发展而言，核心问题就是要加快完善生产要素市场化配置的体制机制，加快建设全国统一大市场，规范要素市场秩序，推动收入分配来源多元化的同时，也要规范化、透明化；坚决取缔一切非法收入，形成合理的充满活力的初次收入分配秩序和规则。

改革和完善二次分配与转移支付的体制机制，实现收入分配的公平正义。明确二次分配充分体现社会公平正义的价值理念，进一步加大税收、社保、转移支付等的调节力度，发挥税收等杠杆在调节收入差距、消除分配不公的积极作用。坚决消除二次分配中出现的一些新的机会不公平、权利不公平和规则不公平等现象，形成与促进共同富裕发展相适应的再分配体制机制。

积极鼓励和发挥第三次分配的积极作用。第三次分配实际上就是指政府积极支持有意愿有能力的企业和社会群体积极参与公益慈善事业。发展社会公益慈善事业，既是我国社会制度优越性的重要体现，也是企业社会责任的重要表现。第三次分配作为一种补充性的分配手段，其发展背后还需要做好很多基础性工作，需要循序渐进，不可一蹴而就。

加快改革和完善公共服务政策体制和体系，发挥广义的经济分配体系和公共政策在促进共同富裕发展中的积极作用。收入分配问题不仅仅是一个收入差距大小的问题，本质也是一个关系机会公平、权利公平和规则公平的重大问题。因此，必须坚持尽力而为、量力而行，不断完善公共服务政策制度体系，在教育、医疗、养老、住房等人民群众最关心的领域精准提供基本公共服务，从而发挥好基本公共服务均等化在实现机会公平、权利公平和规则公平方面的重要促进和引领作用。

物质文明和精神文明相协调的现代化

　　实现中华民族伟大复兴的中国梦，既需要强大的物质力量，也需要强大的精神力量。中国特色社会主义是物质文明和精神文明全面发展的社会主义，中国式现代化是物质文明和精神文明相协调的现代化。全面建设社会主义现代化国家，向着第二个百年奋斗目标进军，必须把物质文明建设和精神文明建设都搞好，实现国家物质力量和精神力量都增强。

> 新知先学

既要"富口袋"也要"富脑袋"

共同富裕是全体人民的富裕,是人民群众物质生活和精神生活都富裕。习近平总书记强调:"只有物质文明建设和精神文明建设都搞好,国家物质力量和精神力量都增强,全国各族人民物质生活和精神生活都改善,中国特色社会主义事业才能顺利向前推进。"扎实推进共同富裕,一个重要方面就是要处理好"富口袋"和"富脑袋"的关系,既要家家"仓廪实衣食足",实现物质生活水平提高,也要人人"知礼节明荣辱",实现精神文化生活丰富,最终促进人的全面发展和社会全面进步。

客观来看,实现共同富裕是一个物质积累的过程,也是一个精神丰实的过程,两者相辅相成、缺一不可。物质富裕是精神富足的基础,能够为精神文明建设提供物质条件;反过来看,更高水平的精神文明建设,可以为物质文明建设提供精神动力。正因如此,中国式现代化强调物质文明和精神文明协调发展、物质力量和精神力量全面增强、人民群众物质生活和精神生活同步改善;共同富裕具有鲜明的时代特征和中国特色,明确要求普遍达到生活富裕富足、精神自信自强、环境宜居宜业、社会和谐和睦、公共服务普及普惠。推进共同富裕,必须实现物质富裕和精神富足的统一。

今天,精神文化生活的丰富程度已成为衡量人民幸福指数的重要标尺和满足人民对美好生活向往的关键因素。全面建设社会主义现代化国家,比以往任何时候都更加需要价值的引领、文化的滋养、精神的支撑。"十四五"规划和2035年远景目标纲要提出:"加强社会主义精神文明建设,培育和践行社会主义核心价值观,推动形成适应新时代要求的思想观念、精神面貌、文明风尚、行为规范。"新的征程上，在关注增加城乡居民收入等情况的同时，也要关注满足人民文化需求、增强人民精神力量，促进人民精神生活共同富裕，强化社会主义核心价值观引领，不断满足人民群众多样化、多层次、多方面的精神文化需求。

实现中华民族伟大复兴的中国梦，既需要强大的物质力量，也需要强大的精神力量。引导和推动全社会树立文明观念、提高文明程度、形成文明风尚，才能在实现物质文明层面的共同富裕之时，同时实现精神生活层面的共同富裕，不断增强人民群众的获得感、幸福感、安全感。

推动"两个文明"协调发展

欧阳雪梅

新中国成立70多年来特别是改革开放40多年来,我们党领导人民成功开辟了一条中国式现代化道路,社会主义现代化建设取得了举世瞩目的伟大成就。中国式现代化是独具特色的社会主义现代化,强调物质文明和精神文明协调发展、物质力量和精神力量全面增强、人民群众物质生活和精神生活同步改善。

"两个文明"相协调是中国式现代化题中应有之义

中国式现代化是社会主义性质的现代化。邓小平同志指出："我们搞的现代化，是中国式的现代化。我们建设的社会主义，是有中国特色的社会主义。"社会主义方向是中国式现代化发展的决定性因素。"通向现代化的道路不止一条"，我国要建设的现代化始终坚持社会主义目标与方向，是努力实现全面发展、全面进步的现代化，既要物质财富极大丰富，也要精神财富极大丰富，更要二者协调发展。中国式现代化强调"没有社会主义文化繁荣发展，就没有社会主义现代化"，克服了资本主义现代化的先天性弊病。党的十八大以来，以习近平同志为核心的党中央统筹推进"五位一体"总体布局、协调推进"四个全面"战略布局，文化是重要内容；推动高质量发展，文化是重要支点；满足人民日益增长的美好生活需要，文化是重要因素；战胜前进道路上各种风险挑战，文化是重要力量源泉。增强文化自信、将精神文明建设推向更高水平，始终是中国式现代化的重要目标指向。

坚持以人民为中心、满足人民日益增长的美好生活需要，是中国式现代化的重要特征。习近平总书记指出："人民对美好生活的向往，就是我们的奋斗目标。"只有坚持以人民为中心的发展思想，才会有正确的现代化发展道路。当前，人民群众对美好生活的需要是全方位、多层次的，不仅对物质生活提出了更高要求，而且对民主、法治、公平、正义、安全、环境等方面的要求日益增长，这决定了只有物质文明与精神文明协调发展，才能满足人民对美好生活的向往。还应看到，在社会主义现代化建设中，人是最活跃、最具创造性的因素，提高人民综合素质、促进人的全面发展是中国式现代化的重要内容。在马克思主义看来，物质文明的发展与精神文明的发展应该是相互统一的，人的现代化与人的自由全面发展是相互统一的，两者相辅相成。这也是我们始终坚持发展为了人民、发展依靠人民、发展成果由人民共享的道理所在。

回首过去，中国共产党领导中国人民找准中国式现代化前进方向，驰而不息走好自己的路；展望未来，我们要继续为全面建成社会主义现代化强国的历史宏愿而不懈奋斗。站在"两个一百年"奋斗目标历史交汇的关键节点，面对世纪疫情和百年变局交织，面对国内外发展环境发生深刻复杂变化，必须更加坚定、更加自觉地推动"两个文明"协调发展，推动国家硬实力与软实力建设齐头并进。特别要看到，在国际，保护主义、单边主义上升，世界经济增长低迷态势仍在延续，不稳定性不确定性明显增加，机遇和挑战之大都前所未有；在国内，社会思想意识多元多样多变，不同思想文化、不同道德观念、不同价值取向的碰撞交锋更加频繁，西方敌对势力一直在加紧对我实施西化分化。这些都要求我们从历史逻辑、理论逻辑、实践逻辑出发，继续深化对推动"两个文明"协调发展重要性的认识，不断增强"两手抓、两手都要硬"的行动自觉。

"两个文明"协调发展是中国共产党不懈奋斗的目标

我们党始终注重物质文明和精神文明协调发展。早在1940年，毛泽东同志就提出："我们不但要把一个政治上受压迫、经济上受剥削的中国，变为一个政治上自由和经济上繁荣的中国，而且要把一个被旧文化统治因而愚昧落后的中国，变为一个被新文化统治因而文明先进的中国。"

新中国成立后，毛泽东同志指出："中国人民业已有了自己的中央政府。……它将领导全国人民克服一切困难，进行大规模的经济建设和文化建设，扫除旧中国所留下来的贫困和愚昧，逐步地改善人民的物质生活和提高人民的文化生活。"在社会主义建设时期，毛泽东同志指出："将我国建设成为一个具有现代工业、现代农业和现代科学文化的社会主义国家"。在现代化建设中把科学文化和工业、农业并提，使中国式现代化道路的内涵愈加丰富。

党的十一届三中全会后，党中央高度重视物质文明与精神文明协调发展。邓小平同志指出："我们要在建设高度物质文明的同时，提高全民族的科学文化水平，发展高尚的丰富多彩的文化生活，建设高度的社会主义精神文明。"强调物质文明和精神文明"两手抓、两手都要硬"。江泽民同志指出："建设有中国特色社会主义，包括发展物质文明和精神文明两个方面，必须实现经济、社会的协调发展和全面进步。"胡锦涛同志指出："必须把发展社会生产力同提高全民族文明素质结合起来，推动物质文明和精神文明协调发展，更加自觉、更加主动地推动文化大发展大繁荣。"

党的十八大以来，习近平总书记高度重视物质文明和精神文明协调发展，强调"以辩证的、全面的、平衡的观点正确处理物质文明和精神文明的关系"，"只有物质文明建设和精神文明建设都搞好，国家物质力量和精神力量都增强，全国各族人民物质生活和精神生活都改善，中国特色社会主义事业才能顺利向前推进。"现在，全面建成小康社会取得伟大历史性成就，全体人民不仅物质生活水平显著提高，而且精神文化生活日益丰富。习近平总书记指出："实现中国梦，是物质文明和精神文明均衡发展、相互促进的结果""是物质文明和精神文明比翼双飞的发展过程"。这要求我们在为实现中华民族伟大复兴不懈奋斗的每个阶段、每个环节，都要推动物质文明与精神文明协调发展。

以更大决心、下更大力气
推动"两个文明"相互促进、协调发展

到本世纪中叶,一个富强民主文明和谐美丽的社会主义现代化强国将屹立在世界东方,这势必深刻影响人类历史进程,为人类文明进步作出巨大贡献。党的十九届五中全会提出了"十四五"时期经济社会发展主要目标,其中社会文明程度得到新提高是重要内容,强调实现"社会主义核心价值观深入人心,人民思想道德素质、科学文化素质和身心健康素质明显提高,公共文化服务体系和文化产业体系更加健全,人民精神文化生活日益丰富,中华文化影响力进一步提升,中华民族凝聚力进一步增强。"这充分表明,物质文明与精神文明协调发展是我们党领导中国式现代化建设始终不变的追求,推动"两个文明"协调发展是实现中华民族伟大复兴中国梦的重要支柱。

在新发展阶段推动"两个文明"协调发展,要充分认识二者协调发展的重要性和紧迫性,准确把握精神文明建设的基本要求,求真务实、真抓实干,贯彻落实社会主义精神文明建设的一系列重要方针原则,以更大的决心、下更大的力气,推动二者相互促进、协调发展。要提高思想认识,既要看到物质文明高度发展是

精神文明发展的基础，能够为精神文明建设提供物质条件和实践经验，也要看到更高水平精神文明建设为物质文明建设提供精神动力和思想指引，还要看到二者互为因果、相得益彰的辩证关系。重在建设、以立为本，是精神文明建设的重要方针，也指明了推动"两个文明"协调发展的实践要求。坚持以推动高质量发展为主题，努力实现更高质量、更有效率、更加公平、更可持续、更为安全的发展，这尤其需要切实抓好精神文明建设的各项任务，坚持马克思主义在意识形态领域的指导地位，坚持以社会主义核心价值观引领文化建设，坚定文化自信，将精神文明建设推向更高水平。

《人民日报》（2021 年 04 月 16 日）

中国式现代化的鲜明特征

沈壮海　刘　灿

习近平总书记指出:"中国特色社会主义是全面发展、全面进步的伟大事业,没有社会主义文化繁荣发展,就没有社会主义现代化。"习近平总书记的重要论述充分表明:中国式现代化,不仅要求物质生活水平提高、家家仓廪实衣食足,而且要求精神文化生活丰富、人人知礼节明荣辱,是物质文明和精神文明相协调的现代化。

中国式现代化体现在物质文明的发展进步上。物质文明和精神文明是人类认识世界、改造世界全部成果的总括和结晶。没有坚实、先进的物质文明,一个国家和民族就会缺乏昂首于世的物质基础。我们深刻汲取近代以来积贫积弱的历史教训、深刻总结社会主义建设正反两方面经验，认识到：落后就要挨打，贫穷不是社会主义。新中国成立后特别是改革开放以来，我们在一穷二白的基础上创造了经济快速发展奇迹和社会长期稳定奇迹，用几十年时间走完了发达国家几百年走过的工业化历程，跃升为世界第二大经济体，经济实力、科技实力、综合国力、国防实力、文化影响力、国际影响力等显著提升。这次抗击新冠肺炎疫情斗争伟大实践再次证明，新中国成立以来所积累的坚实国力，是从容应对惊涛骇浪的深厚底气。当今世界正经历百年未有之大变局，中华民族伟大复兴正处于关键时期，前进道路上遇到各种艰难险阻在所难免，夯实国家物质基础的任务更为艰巨；解决人民日益增长的美好生活需要和不平衡不充分的发展之间的矛盾，对物质文明建设提出了更高要求；到2035年基本实现社会主义现代化、到本世纪中叶把我国建成富强民主文明和谐美丽的社会主义现代化强国的战略安排，对物质文明建设提出了更高目标。同时应看到，我国仍处于并将长期处于社会主义初级阶段的基本国情没有变，我国是世界最大发展中国家的国际地位没有变。这就要求我们排除各种干扰、保持战略定力，筑牢国家富强、民族振兴、人民幸福的物质基础，厚植在危机中育先机、于变局中开新局的物力底气。

中国式现代化也体现在精神文明的发展进步上。习近平总书记指出："当高楼大厦在我国大地上遍地林立时，中华民族精神的大厦也应该巍然耸立。""一个没有精神力量的民族难以自立自强，一项没有文化支撑的事业难以持续长久。"精神力量是一个国家和民族最为深沉厚重的力量。在人类文明历史长河中，中国人民创造了源远流长、博大精深的优秀传统文化，不仅为中华民族生生不息、发展壮大提供了强大精神支撑，而且深刻影响着当代中国发展进步，深刻影响着当代中国人的精神世界。党的十八大以来，以习近平同志为核心的党中央把精神文明建设放在统筹推进"五位一体"总体布局、协调推进"四个全面"战略布局的重要位置，不断将精神文明建设推向更高水平。《中华人民共和国国民经济和社会发展第十四个五年规划和2035年远景目标纲要》提出："加强社会主义精神文明建设，培育和践行社会主义核心价值观，推动形成适应新时代要求的思想观念、精神面貌、文明风尚、行为规范。"全面建设社会主义现代化国家，比以往任何时候都更加需要思想的引领、文化的滋养、精神的支撑。我们必须高举精神旗帜、传承精神基因、强化精神纽带，锲而不舍抓实精神文明建设，在全面建设社会主义现代化国家新征程上谱写精神文明建设新的篇章。

中国式现代化更体现在物质文明与精神文明协调发展上。

习近平总书记指出："以辩证的、全面的、平衡的观点正确处理物质文明和精神文明的关系"。回望走过的路，正确处理两个文明之间的关系，始终坚持物质文明与精神文明协调发展，是中国式现代化呈现出的鲜明特征。改革开放之初，我们党创造性地提出建设社会主义精神文明的战略任务，确定了"两手抓、两手都要硬"的战略方针；党的十二届六中全会通过的《中共中央关于社会主义精神文明建设指导方针的决议》、党的十四届六中全会通过的《中共中央关于加强社会主义精神文明建设若干重要问题的决议》、党的十七届六中全会通过的《中共中央关于深化文化体制改革推动社会主义文化大发展大繁荣若干重大问题的决定》等，深刻阐明了物质文明与精神文明的内在关系，确立并重申了物质文明与精神文明协调发展的基本原则。党的十八大以来，以习近平同志为核心的党中央肩负实现中华民族伟大复兴中国梦的历史使命，把精神文明建设贯穿改革开放和现代化全过程、渗透社会生活各方面，全面展开精神文明建设各项工作，取得了巨大成就。实践已经证明并将继续证明，只有物质文明建设和精神文明建设都搞好，国家物质力量和精神力量都增强，全国各族人民物质生活和精神生活都改善，中国特色社会主义事业才能顺利向前推进。

　　面向未来，在全面建设社会主义现代化国家新征程中，我们必须坚定不移地推动物质文明与精神文明协调发展。要立足新发展阶段,贯彻新发展理念,构建新发展格局,推动高质量发展,为全面建设社会主义现代化国家开好局、起好步提供雄厚的物质支撑。与此同时,还要切实抓好精神文明建设各项任务,不断满足人民群众日益增长的精神文化需求,继续铸就中华文化新的辉煌。要进一步深化对推动"两个文明"协调发展极端重要性的认识,更加坚定、更加自觉地推动"两个文明"协调发展,不断增强新形势下"两手抓、两手都要硬"的思想自觉、政治自觉、行动自觉,满怀信心走在全面建设社会主义现代化国家新征程上,向着第二个百年奋斗目标进军。

《人民日报》(2021年04月16日)

走"两个文明"都搞好的现代化之路

韩翌旸

实现现代化,作为人类文明发展进步的一个显著标志,是近代以来世界各国不懈追求的奋斗目标。中国式现代化是社会主义现代化,是促进人的全面发展和社会全面进步的现代化。这决定了中国式现代化必须推动物质文明和精神文明协调发展,"两个文明"都要搞好。

马克思主义唯物史观认为,经济基础决定上层建筑,上层建筑对经济基础具有反作用,社会发展是以物质文明和精神文明共同进步为前提和目标的。可见,社会主义现代化除了物质层面的进步,也包括精神领域的发展。这就要求马克思主义执政党在领导社会主义现代化建设时，必须高度重视精神文明建设，特别是把意识形态工作放到关乎旗帜、关乎道路、关乎国家政治安全的高度，一刻也不放松地紧紧抓在手中。1949年9月，在新中国即将诞生之际，毛泽东同志就充满信心地预言："随着经济建设的高潮的到来，不可避免地将要出现一个文化建设的高潮。中国人被人认为不文明的时代已经过去了，我们将以一个具有高度文化的民族出现于世界。"新中国成立后，我们党把物质文明和精神文明协调发展作为现代化建设的题中应有之义。改革开放后，我们党创造性地提出了社会主义精神文明建设的战略任务，确定了"两手抓、两手都要硬"的战略方针。党的十八大以来，以习近平同志为核心的党中央高度重视物质文明和精神文明协调发展，强调"实现中华民族伟大复兴的中国梦，物质财富要极大丰富，精神财富也要极大丰富。我们要继续锲而不舍、一以贯之抓好社会主义精神文明建设"，为推动"两个文明"协调发展、全面建设社会主义现代化国家指明了前进方向。

中国式现代化坚持连续性发展，要求实现物质文明和精神文明相协调。任何一个国家的现代化都有一个从哪里来、到哪里去的问题。近代以来，无数仁人志士在上下求索中华民族救亡图存道路的过程中，无时无刻不在思索中华传统文化的现代转型问题。中国式现代化是在中国这块古老大地上推进的现代化，中国式现代化不仅要持续追求物质文明的发展，同时也要在精神文化上不断书写新的辉煌。源远流长、博大精深的中华优秀传统文化为中华民族生生不息、发展壮大提供了强大精神支撑，也是中国式现代化发展的沃土，中国式现代化的连续性发展必须建立在物质文明和精神文明协调发展、相互促进的基础上，必须做到"两手抓、两手都要硬"。

中国式现代化坚持全面推进，要求实现物质文明和精神文明相协调。到 2035 年基本实现社会主义现代化，到本世纪中叶全面建成社会主义现代化强国，这是一个包括经济建设、文化建设在内的各方面建设共同推进的奋斗目标。要实现物质文明和精神文明相协调，不仅要建设一个国力强盛的富强中国，也要建设一个文化繁荣的文明中国。我们党在领导人民推进社会主义现代化建设的进程中，创造了经济快速发展奇迹和社会长期稳定奇迹，在这一过程中社会主义文化不断繁荣发展。但也要看到，我国的文化软实力与我国文化资源大国和文明古国的地位还不相匹配，与我国的综合国力还不相适应。古往今来，一个大国的发展进程，既是经济总量、军事力量等硬实力提高的过程，也是价值观念、思想文化等软实力提高的过程。让中华民族以更加昂扬的姿态屹立于世界民族之林，必须在不断增强经济实力的同时，大力建设社会主义文化强国，推动社会主义文化大发展大繁荣，不断提高国家文化软实力。

中国式现代化坚持以人民为中心，要求实现物质文明和精神文明相协调。中国式现代化是以人民为中心的现代化，是注重物的不断丰富和人的全面发展相统一的现代化。在马克思看来，美好生活不仅包括物质上的体验，也包括精神上的丰盈。当今时代，随着人类生产生活领域的不断拓展，人们的美好生活追求不仅仅停留在衣食住行等物质层面，对精神文化、民主法治、公平正义等方面的需求也越来越强烈。扎实推动共同富裕，解决发展不平衡不充分的问题，满足人民日益增长的美好生活需要，其中一个重要方面就是统筹推进物质文明和精神文明协调发展，既要实现物质生活水平提高、家家仓廪实衣食足，又要实现精神文化生活丰富、人人知礼节明荣辱。在全面建设社会主义现代化国家新征程上，我们必须更加坚定文化自信，把改善全国各族人民物质生活和精神生活结合起来，把满足需求与提高素质统一起来，推动物质文明和精神文明协调发展。

《人民日报》(2021年04月16日)

> ★ 拓展阅读

推动物质文明和精神文明协调发展

马克思主义认为,物质文明与精神文明,是人类认识世界、适应世界、改造世界全部有形的与无形的、物质的与非物质的成果的总括和结晶,共同构成了丰富多彩的人类文明。物质文明为精神文明的发展提供物质条件和实践经验,精神文明又为物质文明的发展提供精神动力和智力支持,两者彼此相连、相互促进。习近平总书记指出,只有物质文明建设和精神文明建设都搞好,国家物质力量和精神力量都增强,全国各族人民物质生活和精神生活都改善,中国特色社会主义事业才能顺利向前推进。

实现人的全面发展。马克思主义认为,未来的理想社会,即社会主义和共产主义,是"以每一个个人的全面而自由的发展为基本原则的社会形式"。人的自由而全面发展，是指在生产力高度发达、人民精神境界极大提高、私有制和旧时社会分工消亡的基础上，实现人的智力和体力的全面充分发展，实现人的能力和个性的自由充分发展。这意味着，真正的社会主义不能仅有生产力的高度发展，还必须有高度发达的精神文明，两者必须协调发展，在此基础上实现人的全面发展。习近平总书记指出："要认清物质文明建设和精神文明建设的最终目的是什么，国内生产总值、财政收入、居民收入等等是一些重要指标，但都不是最终目的，其最终目的就是要促进人的全面发展，包括改善人们的物质生活、丰富人们的精神生活、提高人们的生活质量、提高人们的思想道德素质和科学文化素质等等"。我们要实现的社会主义现代化，是既见物又见人的现代化。在现代化建设中贯彻以人民为中心的发展思想，必须聚焦和落脚于人的全面发展。

创造比资本主义更高的生产力。社会主义的本质是解放生产力、发展生产力，消灭剥削，消除两极分化，最终达到共同富裕。邓小平同志指出："社会主义的优越性归根到底要体现在它的生产力比资本主义发展得更快一些、更高一些，并且在发展生产力的基础上不断改善人民的物质文化生活"。当前，我国仍处于并将长期处于社会主义初级阶段的基本国情没有变，人民日益增长的物质文化需要同落后的社会生产这一社会主要矛盾没有变，我国是世界最大发展中国家的国际地位没有变。这就决定了我们必须始终重视物质文明的发展，牢牢把握经济建设这个中心，努力发展经济，逐步实现国家富强、民族振兴、人民幸福。同时要看到，人类物质文明生产和创造的过程，不能没有精神力量的支撑。在建设高度发达的物质文明的同时，建设高度发达的精神文明，并确保"两个文明"成果为全体人民所共享，这是社会主义制度的独有优势。要高度重视精神文明对物质文明的推动保证作用，在推进物质文明建设的同时推进精神文明建设，把聚集和激发起来的全民族的精神力量转化为推进社会主义现代化建设的强大物质力量。

筑牢精神支柱。精神力量是一个国家和民族最为深沉厚重的力量。精神文明搞不好，物质文明也要受破坏，甚至社会也会变质。实践已经证明，生产力长期落后、经济长期贫困不是社会主义，信仰迷茫、思想腐朽、道德沦丧也同样不是社会主义。习近平总书记指出，要坚持物质文明和精神文明两手抓两手硬，加强思想教育，坚定理想信念，弘扬昂扬向上、只争朝夕、奋勇争先的良好精神状态，坚决扫除那些腐朽的、丑陋的、邪恶的现象，让阳光的、美好的、高尚的思想和行为更好占领阵地，进而普及开来，在全社会蔚然成风。现在，一些地方把经济增长作为硬指标，把丰富人们的精神世界作为软约束，在发展中只注重提升经济实力，忽视思想文化建设和社会文明程度的提高。针对这些情况和问题，更加需要坚持物质文明和精神文明协调发展，两轮驱动、双翼共振，在发展生产力的同时高举精神旗帜、传承精神基因、强化精神纽带，确保我们的事业始终沿着正确道路前进。

坚持物质文明和精神文明协调发展，是我们几十年社会主义建设实践特别是改革开放伟大实践的经验总结，是中国特色社会主义道路的本质特征，也是我们继续拓展和走好适合中国国情发展道路的必然要求。

物质文明与精神文明协调发展，是中国改革开放几十年的经验总结。我们党始终坚持物质文明和精神文明协调发展的理念。改革开放之初，我们党确立了"两手抓、两手都要硬"的战略方针。1986年，党的十二届六中全会专门作出《中共中央关于社会主义精神文明建设指导方针的决议》，系统阐述了社会主义精神文明建设的战略地位、指导思想、主要内容和任务；1996年，党的十四届六中全会审议通过《中共中央关于加强社会主义精神文明建设若干重要问题的决议》，对推动物质文明和精神文明建设相互促进、协调发展等重大问题作出系统阐述；2006年，党的十六届六中全会提出建设社会主义核心价值体系的任务；2011年，党的十七届六中全会通过《中共中央关于深化文化体制改革推动社会主义文化大发展大繁荣若干重大问题的决定》，明确提出"建设社会主义文化强国"的奋斗目标。以习近平同志为核心的党中央高度重视精神文明建设，强调中华民族伟大复兴必然伴随着中华文化繁荣兴盛，任何时候都不能以牺牲精神文明为代价换取经济的一时发展。党的十八届五中全会提出新发展理念，把协调发展放在我国发展全局的重要位置。物质文明和精神文明协调发展，是我们党探索中国特色社会主义道路的重要经验。

物质文明和精神文明协调发展，是中国特色社会主义道路的应有之义。中国特色社会主义道路的核心内容是一条基本路线、一个总布局、一个总任务。一条基本路线，就是"一个中心、两个基本点"。坚持党的基本路线，关键是坚持以经济建设为中心不动摇。党和国家的各项工作都要服从和服务于这个中心，而不能离开、更不能干扰这个中心。四项基本原则是立国之本，改革开放是强国之路。一个总布局，就是经济建设、政治建设、文化建设、社会建设、生态文明建设"五位一体"的中国特色社会主义事业的总体布局。在这个总布局中，必须坚持以经济建设为中心，全面推进社会主义市场经济、社会主义民主政治、社会主义先进文化、社会主义和谐社会和社会主义生态文明建设，促进社会全面进步和人的全面发展。一个总任务，就是实现社会主义现代化和中华民族伟大复兴。基本路线、总布局、总任务，是一个有机统一的整体，集中彰显了中国特色社会主义道路是以经济建设为中心，实现物质文明和精神文明全面协调发展的道路。

物质文明和精神文明协调发展，是实现中华民族伟大复兴的重要引领。在实现第二个百年奋斗目标和中华民族伟大复兴中国梦的进程中，不仅要求物质文明有一个大的发展，而且要求精神文明有一个大的发展。习近平总书记指出："当高楼大厦在我国大地上遍地林立时，中华民族精神的大厦也应该巍然耸立。"当前，我们比历史上任何一个时期都更接近实现中华民族复兴的伟大目标，必须更加坚定、更加自信、更加自觉地推动物质文明和精神文明协调发展，坚持用习近平新时代中国特色社会主义思想武装全党、教育人民，进一步巩固马克思主义在意识形态领域的指导地位，巩固全党全国人民团结奋斗的共同思想基础。坚持用社会主义核心价值观凝魂聚力，更好构筑中国精神、中国价值、中国力量，增强道路自信、理论自信、制度自信、文化自信，为实现第二个百年奋斗目标和中国梦提供强大精神动力。

知识链接

如何实现"高度的文明"

《中共中央关于党的百年奋斗重大成就和历史经验的决议》提出,"党领导人民成功走出中国式现代化道路,创造了人类文明新形态"。中国式现代化是物质文明和精神文明相协调的现代化。物质文明与精神文明之间的关系,一直是马克思主义理论研究的重要范畴。列宁在发表于《真理报》上的《迎接国际劳动妇女节》一文中谈道:"只有无产阶级专政,只有社会主义国家才能够达到而且真正达到了高度的文明。"这里所说的"高度的文明",内在包含着物质文明与精神文明的辩证统一。

一

在马克思主义经典作家的著作中,"文明"是人民群众物质生产实践活动的成果,是劳动人民智慧的结晶,是人类社会发展进步的标志。马克思说过,"物质生活的生产方式制约着整个社会生活、政治生活和精神生活的过程"。这是对物质文明基础性作用的最好概括,指明物质文明对精神文明起到基础性作用,为精神文明提供必要的物质前提和条件。恩格斯指出:"物质生存方式虽然是始因,但是这并不排斥思想领域也反过来对这些物质生存方式起作用"。这阐明精神文明对物质文明的反作用,指明精神文明能够为物质文明建设提供有力且必要的智力支撑,在很大程度上影响物质文明的发展方向。由此,马克思主义认为,物质文明与精神文明紧密联系、互为条件,它们都是人的物质生产实践活动的产物,并统一于人的具体实践活动。

在具有"高度的文明"的社会,物质文明与精神文明必然是协调发展的。把握物质文明与精神文明的辩证关系,在立足社会主义初级阶段基本国情的基础上实现二者协调发展,是中国共产党推进社会主义现代化建设的重要经验。改革开放之初,邓小平同志指出,"我们要在建设高度物质文明的同时,提高全民族的科学文化水平，发展高尚的丰富多彩的文化生活，建设高度的社会主义精神文明"。中国特色社会主义进入新时代，习近平总书记指出："只有物质文明建设和精神文明建设都搞好，国家物质力量和精神力量都增强，全国各族人民物质生活和精神生活都改善，中国特色社会主义事业才能顺利向前推进。"中国式现代化，不仅要求物质生活水平提高、家家仓廪实衣食足，而且要求精神文化生活丰富、人人知礼节明荣辱，是物质文明和精神文明相协调的现代化。

二

一个社会的物质文明成果和精神文明成果，标志着这个社会所处的历史发展阶段。不可否认，资本主义作为一种社会形态，有其特定的物质文明和精神文明，并且在人类社会历史上起到过巨大的推动作用。马克思说过："资产阶级在它的不到一百年的阶级统治中所创造的生产力，比过去一切世代创造的全部生产力还要多，还要大。"但资本主义有其历史局限性，资本主义现代化发展模式有着自身无法克服的先天性弊病——资本对整个社会的主宰和控制。在资本主义社会，资本是经济社会运转的引擎，整个社会的财富、文化都在资本的"指挥棒"下发挥作用，并由此带来以下矛盾：生产能力的扩大与市场容量有限之间的矛盾，个别企业生产的有组织性与整个社会生产的无政府状态之间的矛盾，无产阶级与资产阶级之间的矛盾，等等。虽然当代资本主义在其现代化进程中实施了一些改良措施，暂时缓和了尖锐的社会矛盾，但是在无法摆脱资本逻辑的挟制这一根源性问题的背景下，这些变化并不能改变资本主义制度的本质，也无法克服其基本矛盾，金融危机和经济危机等只能周期性上演。

资本逻辑下利益至上的价值取向导致人的现实性（自由全面平衡）的丧失。在资本主义现代化发展模式中，个体的人生目标就是掌握尽可能多的物质财富以体现人生价值。资本逻辑导致物质文明和精神文明之间产生巨大的不平衡，致使人的价值取向和自我评价都以资本为导向，带有深深的"逐利性"色彩。强大的物质基础并没有给人们带来自由、全面、平衡的发展，相反，对物质的极度追捧使人的发展单一化、偏激化，人的价值不是体现在自我价值与社会价值的统一中。这种形态的精神文明及其服务对象实质上仍然是资本，它并没有为人类带来文化需要的满足和精神世界的充盈。

如何克服资本主义现代化的先天性弊病？列宁给出的药方是："只有无产阶级专政，只有社会主义国家才能够达到而且真正达到了高度的文明。"在中国共产党带领下，社会主义中国以其创造性实践，开拓出一条实现"高度的文明"的新道路。一方面，公有制为主体、多种所有制经济共同发展的社会主义基本经济制度，有助于克服资本主义生产关系中社会化大生产与生产资料私人占有之间的矛盾，最大限度解放和发展生产力，使国民经济得到持续、快速、健康发展。另一方面，坚持以人民为中心的发展思想，打破了资本逻辑对人类社会的宰制，在制度和政策层面驾驭资本使其成为现代化建设的手段工具，在思想观念层面强调以社会主义核心价值观引领人民树立正确价值取向和价值追求。

三

习近平总书记指出，"实现中国梦，是物质文明和精神文明比翼双飞的发展过程"。改革开放以来，我们党始终强调"两手抓、两手都要硬"，在推动经济快速发展的同时，大力加强社会主义精神文明建设，促进社会主义先进文化繁荣发展，使社会文明程度显著提高、人民精神力量不断增强。新的征程上，物质文明建设和精神文明建设要统筹规划、齐头并进。

大力发展物质文明为精神文明建设打下雄厚基础。推动社会主义现代化建设，就要继续推动经济社会高质量发展，建设现代化经济体系，增强经济实力和综合国力。大力发展物质文明，就要坚持新发展理念，解决不平衡、不充分问题，激活各类主体活力，更多更好地利用全球资源和市场,形成以创新为第一动力、协调为内生特点、绿色为普遍形态、开放为必由之路、共享为根本目的的物质文明建设格局,进而为实现民主更加健全、科教更加进步、文化更加繁荣、社会更加和谐、生态更加美好提供有力支撑。

建设高度精神文明为物质文明发展提供动力支持。没有高度文化自信、没有文化繁荣兴盛就没有中华民族伟大复兴。精神文明建设要反映社会主义制度下人们的精神面貌、社会风尚。这就要坚持马克思主义在意识形态领域的指导地位,以社会主义核心价值观引领文化建设,广泛开展中国特色社会主义和中国梦宣传教育,推动理想信念教育常态化制度化,完善思想政治工作体系,增强全国各族人民的凝聚力和向心力,为现代化建设提供勇往直前、无坚不摧的精神力量,激发人们开拓进取的积极性、主动性、创造性。

增强科学思维能力,把握"两个文明"的辩证关系。实现"两个文明"协调发展,需要我们增强战略思维、历史思维、辩证思维、创新思维、法治思维、底线思维能力。从物质文明建设与精神文明建设的关系和相互作用出发,总结我国"两个文明"协调发展的历史经验,把握当前我国进行现代化建设的时代要求,在中国式现代化建设的总体历史进程中,使物质文明和精神文明相辅相成、协同发力,以"高度的文明"推动中国社会整体跃升、行稳致远。

人与自然和谐共生的现代化

中国式现代化坚持走生产发展、生活富裕、生态良好的文明发展道路，是人与自然和谐共生的现代化。中国式现代化强调创造更多物质财富和精神财富以满足人民日益增长的美好生活需要，提供更多优质生态产品以满足人民日益增长的优美生态环境需要，强调保护生态环境就是保护生产力，改善生态环境就是发展生产力，把保护城市生态环境摆在更加突出位置，注重处理好生产生活和生态环境保护的关系。

> 新知先学

建设人与自然和谐共生的美丽中国

生态文明建设是关系中华民族永续发展的根本大计。必须坚持人与自然和谐共生,协同推进人民富裕、国家强盛、中国美丽。

习近平总书记指出,要站在人与自然和谐共生的高度来谋划经济社会发展,坚持节约资源和保护环境的基本国策,坚持节约优先、保护优先、自然恢复为主的方针,形成节约资源和保护环境的空间格局、产业结构、生产方式、生活方式,统筹污染治理、生态保护、应对气候变化,促进生态环境持续改善,努力建设人与自然和谐共生的现代化。《中华人民共和国国民经济和社会发展第十四个五年规划和2035年远景目标纲要》，对推动绿色发展、促进人与自然和谐共生作出一系列重大战略部署，提出要实施可持续发展战略，完善生态文明领域统筹协调机制，构建生态文明体系，推动经济社会发展全面绿色转型，建设美丽中国。我们要以习近平新时代中国特色社会主义思想特别是习近平生态文明思想为指引，全面贯彻落实第十四个五年规划和2035年远景目标确定的目标任务，以生态环境高水平保护推动经济社会发展全面绿色转型，努力建设人与自然和谐共生的美丽中国。

中国建设社会主义现代化具有许多重要特征，其中之一就是我国现代化是人与自然和谐共生的现代化，注重同步推进物质文明建设和生态文明建设。"十四五"时期我国进入新发展阶段，开启全面建设社会主义现代化国家新征程。深入贯彻新发展理念，加快构建新发展格局，推动高质量发展，都对加强生态文明建设、加快推动绿色低碳发展提出了新的要求。我们要切实将各项部署转化为具体的"施工图"和"路线图"，奋力建设人与自然和谐共生的美丽中国。

推动经济社会发展全面绿色转型

生态环境部党组理论学习中心组

习近平总书记指出:"我们要建设的现代化是人与自然和谐共生的现代化,既要创造更多物质财富和精神财富以满足人民日益增长的美好生活需要,也要提供更多优质生态产品以满足人民日益增长的优美生态环境需要。"这从理论和实践层面阐明了人与自然和谐共生的关系,进一步丰富和拓展了现代化的内涵与外延,为推动生态文明建设实现新进步,奋力推进人与自然和谐共生的现代化指明了方向、明确了路径。

坚持尊重自然、顺应自然、保护自然

中国式现代化注重同步推进物质文明建设和生态文明建设，走生产发展、生活富裕、生态良好的文明发展道路，彰显深厚的文化底蕴、坚实的理论基础、宏阔的国际视野。

继承和发扬中华优秀传统生态文化。习近平总书记指出："中华民族向来尊重自然、热爱自然，绵延5000多年的中华文明孕育着丰富的生态文化。"我国许多古代典籍都有关于人与自然关系的论述，强调把天地人统一起来，把自然生态同人类文明联系起来，按照自然规律活动，对自然资源取之有时、用之有度。这些理念对于建设生态文明、推进人与自然和谐共生的现代化具有重要启示和借鉴意义。党的十八大以来，以习近平同志为核心的党中央对中华优秀传统生态文化进行创造性转化、创新性发展，将生态文明建设作为关系中华民族永续发展的根本大计，强调生态兴则文明兴、生态衰则文明衰，深刻回答了为什么建设生态文明、建设什么样的生态文明、怎样建设生态文明等一系列重大理论和实践问题，推动人与自然和谐共生的现代化取得实质性进展。

践行和发展马克思主义关于人与自然关系的思想。马克思、恩格斯认为，人靠自然界生活，人类在同自然的互动中生产、生活、发展，人类善待自然，自然也会馈赠人类。我们党继承和发展马克思主义关于人与自然关系的思想精华，强调人与自然是生命共同体，人类必须敬畏自然、尊重自然、顺应自然、保护自然，从保护自然中寻找发展机遇，促进经济发展与生态保护协调统一，建设人与自然和谐共生的现代化。这揭示了自然、社会和经济发展普遍规律，丰富和拓展了马克思主义自然观，是马克思主义自然观的时代发展和中国化。

反思和扬弃西方传统工业化道路。西方传统工业化在创造巨大物质财富的同时，也加速了对自然资源的攫取，打破了地球生态系统原有的循环和平衡。一些西方国家曾发生多起环境公害事件，损失巨大，震惊世界，引发人们对资本主义发展模式的深刻反思。中国式现代化坚决抛弃轻视自然、支配自然、破坏自然的现代化模式，绝不走西方现代化的老路，而是坚定不移走生态优先、绿色发展之路，建设人与自然和谐共生的现代化，为推进世界可持续发展提供了中国方案。

不断满足人民日益增长的优美生态环境需要

习近平总书记指出："生态环境是关系党的使命宗旨的重大政治问题，也是关系民生的重大社会问题。"推进社会主义现代化建设，必须积极回应人民群众所想、所盼、所急，努力提供更多优质生态产品，让优美生态环境成为人民幸福生活的增长点。中国特色社会主义进入新时代，我们党坚持生态惠民、生态利民、生态为民，以解决损害群众健康的突出环境问题为重点，坚决打赢打好污染防治攻坚战，生态环境明显改善，人民群众生态环境获得感、幸福感、安全感显著提升。

坚决打赢蓝天保卫战。到2020年底，全国实现超低排放的煤电机组累计约9.5亿千瓦，6.2亿吨左右粗钢产能完成或正在实施超低排放改造。京津冀及周边地区、汾渭平原农村累计完成散煤治理2500万户左右。2020年煤炭消费量占能源消费总量的56.8%，比2015年下降7.2个百分点，单位国内生产总值二氧化碳排放较2005年降低约48.4%。2020年全国地级及以上城市空气质量优良天数比率为87%，比2015年上升5.8个百分点。

着力打好碧水保卫战。2020年，全国地表水优良水质断面比例提高到83.4%，相比2015年提高17.4个百分点；劣Ⅴ类水体比例由9.7%下降到0.6%，降低9.1个百分点。全国地级及以上城市集中式饮用水水源水质优良比例达到96.2%，地级及以上城市建成区黑臭水体消除比例达到98.2%。长江流域和渤海入海河流劣Ⅴ类国控断面全部消劣，长江干流历史性实现全Ⅱ类及以上水体。"十三五"期间，累计完成15万个建制村环境整治，浙江"千村示范、万村整治"工程获得联合国地球卫士奖。

扎实推进净土保卫战。完成农用地土壤污染状况详查,开展重点行业企业用地土壤污染状况调查。受污染耕地安全利用率达到90%左右,污染地块安全利用率达到93%以上。组织开展危险废物专项排查整治行动,共排查4.7万家企业和200余个化工园区。实施长江经济带打击固体废物环境违法行为专项行动。开展"无废城市"建设试点,形成一批可复制可推广的示范模式。坚决禁止"洋垃圾"入境,基本实现固体废物零进口,"洋垃圾"被彻底挡在国门之外。

持续开展生态保护修复。初步划定的生态保护红线面积约占陆域国土面积的25%,各级各类自然保护地总数达到1.18万处。积极推进大规模国土绿化行动,2000年到2017年,全球新增绿化面积中约1/4来自中国,中国贡献比例居全球首位。持续开展"绿盾"自然保护地强化监督。扎实推动生物多样性保护重大工程,稳步推进25个山水林田湖草生态保护修复试点工程建设,先后组织命名四批共262个国家生态文明建设示范市县、87个"绿水青山就是金山银山"实践创新基地。

同时也要看到,现阶段我国生态环境质量改善总体上还属于中低水平的提升,从量变到质变的拐点还没有到来,与人民群众对美好生活的新期待、与美丽中国建设目标仍有不小差距。必须坚持环境就是民生、青山就是美丽、蓝天也是幸福，努力实现生态保护、绿色发展、民生改善相统一。

推动形成人与自然和谐发展现代化建设新格局

"十四五"时期，我国进入新发展阶段，贯彻新发展理念、构建新发展格局、推动高质量发展、创造高品质生活，对加强生态文明建设、加快推动绿色低碳发展提出了新的更高要求。我国生态环境保护结构性、根源性、趋势性压力总体上尚未根本缓解，生产和生活体系向绿色低碳转型的压力都很大。建设人与自然和谐共生的现代化，必须以习近平生态文明思想为指引，完整、准确、全面贯彻新发展理念，以经济社会发展全面绿色转型为引领，以减污降碳为主抓手，加快形成节约资源和保护环境的产业结构、生产方式、生活方式、空间格局。

加快推动绿色低碳发展。推进重点行业绿色化改造，推动煤炭等化石能源清洁高效利用，加大货物运输结构调整力度，壮大节能环保等产业，建立健全绿色低碳循环发展经济体系，增强绿色低碳的新动能。制定实施2030年前碳排放达峰行动方案，稳步推行碳排放总量和强度双控制度，支持有条件的地方和重点行业、重点企业率先达峰，严控高耗能、高排放项目建设。

持续改善生态环境质量。坚持精准、科学、依法治污,深入打好污染防治攻坚战。以细颗粒物和臭氧协同控制为主线,进一步提升空气环境质量。统筹水环境治理、水生态保护、水资源利用,增强水生态系统服务功能。持续实施土壤污染防治行动,有效管控土壤污染环境风险。继续开展农村环境综合整治,建设美丽宜居乡村。

守住自然生态安全边界。坚持山水林田湖草系统治理,强化国土空间规划和用途管控,实施重要生态系统保护和修复重大工程,开展大规模国土绿化行动。实施生物多样性保护重大工程,构建以国家公园为主体的自然保护地体系,完善自然保护地、生态保护红线监管制度,开展生态系统保护成效监测评估。健全生态保护补偿机制,建立生态产品价值实现机制。

深化生态文明制度改革。推动完善生态文明领域统筹协调机制、中央生态环境保护督察制度,建立地上地下、陆海统筹的生态环境治理制度。全面提高资源利用效率,健全自然资源有偿使用制度。完善绿色低碳政策和市场体系,严格落实能源消费总量和强度双控制度,大力发展绿色金融,推进排污权、用能权、用水权市场化交易,加快推进全国碳排放权交易市场建设。

践行绿色低碳生活方式。加强宣传教育引导,提升全社会绿色低碳意识,倡导简约适度、绿色低碳的生活方式,反对奢侈浪费和不合理消费。开展创建节约型机关、绿色家庭、绿色学校、绿色社区和绿色出行等行动。完善绿色产品推广机制,扩大低碳绿色产品供给。倡导人人爱绿植绿护绿的文明风尚,促进全社会形成自觉行动,共同建设人与自然和谐共生的现代化。

《人民日报》(2021年04月23日)

不断提升生态总价值

李宏伟

习近平总书记在参加十三届全国人大四次会议内蒙古代表团审议时，肯定大兴安岭林场周义哲代表的发言："你提到的这个生态总价值，就是绿色 GDP 的概念，说明生态本身就是价值。这里面不仅有林木本身的价值，还有绿肺效应，更能带来旅游、林下经济等。'绿水青山就是金山银山'，这实际上是增值的。"这进一步阐明了经济发展和生态环境保护的关系，为不断提升生态总价值、建设人与自然和谐共生的现代化指明了方向、提供了遵循。

绿水青山既是自然财富、生态财富，又是社会财富、经济财富，会随着经济社会发展凸显价值、不断增值。事实上，生态价值和经济价值是辩证统一的，保护生态环境就是保护生产力，改善生态环境就是发展生产力。现代经济社会发展对生态环境的依赖程度越来越高，生态环境越来越成为生产力的重要组成部分。保护和改善生态环境，可以实现生态价值和经济价值内在统一，对于协调经济发展和生态环境保护的关系、推动经济社会高质量发展具有不可替代的作用。

党的十八大以来，在绿水青山就是金山银山重要理念引领下，我国协同推动经济高质量发展和生态环境高水平保护，国土空间开发保护格局更加优化，资源能源利用效率持续提升，绿色发展方式和生活方式进一步普及，区域绿色发展格局加速形成。截至2019年年底，单位国内生产总值二氧化碳排放较2005年降低48.1%，提前完成到2020年下降40%—45%的目标。污染防治力度加大，生态环境保护稳步推进，生态环境明显改善。

中国特色社会主义进入新时代，我国社会主要矛盾发生转化，人民群众对优美生态环境的需要日益增长，对清新的空气、干净的水、安全的食品、优美的环境等优质生态产品的需求越来越强烈，这为不断提升生态总价值，充分发挥"绿水青山"的经济社会效益提供了强劲动力和广阔空间。更好满足人民日益增长的优美生态环境需要，在创造更多物质财富和精神财富的同时提供更多优质生态产品，亟须建立健全生态产品价值实现机制，将良好生态环境资源优势转化为生态总价值增值优势，引领和推动绿色产业高质量发展，推动生态、文化、康养、旅游深度融合发展，将生态资源优势转化为经济社会发展优势。

经过长期实践探索，我国在建立和完善生态产品价值实现机制、提升生态总价值方面，取得了丰硕成果和宝贵经验。例如，生态保护补偿、绿色金融扶持、生态扶贫等都取得了长足进展。《人类减贫的中国实践》白皮书显示，2013年以来，贫困地区实施退耕还林还草7450万亩，选聘110多万贫困群众担任生态护林员，建立2.3万个扶贫造林（种草）专业合作社（队）。群众积极参与国土绿化、退耕还林还草等生态工程建设和森林、草原、湿地等生态系统保护修复工作，实现了经济收入和生态环境保护双赢。

从"十四五"生态文明建设实现新进步的目标，到2035年生态环境根本好转、美丽中国建设目标基本实现的远景目标，再到力争2030年前实现碳达峰、2060年前实现碳中和的承诺，新时代生态文明建设的时间表、路线图已经明确。在全面建设社会主义现代化国家新征程上，建设美丽中国，必须保护好生态环境，让绿水青山的"颜值"和"价值"持续增加，建设青山常在、绿水长流、空气常新的美丽中国，持续推进人与自然和谐共生的现代化。

《人民日报》（2021年04月23日）

把保护城市生态环境摆在更加突出位置

欧阳志云

城市是人类活动的重要区域。习近平总书记指出："建设人与自然和谐共生的现代化，必须把保护城市生态环境摆在更加突出的位置，科学合理规划城市的生产空间、生活空间、生态空间，处理好城市生产生活和生态环境保护的关系，既提高经济发展质量，又提高人民生活品质。"良好的城市生态环境，是建设人与自然和谐共生现代化的重要内容和基础。

城市化是人类文明的产物，是现代化的显著特征之一。1900年，全球只有10%的人口生活在城市。现在，全球超过56%的人口生活在城市，人类进入城市化时代。新中国成立后特别是改革开放以来，我国城镇化进程不断加快，1978—2019年，我国城镇常住人口从1.7亿人增加到8.48亿人，城镇化率从17.9%提升到60.6%。快速、大规模的城镇化进程，大大促进了经济社会发展和人民生活水平提高。

城市生态环境为经济社会发展提供了水资源、污染净化、气候调节等重要支撑。城市植物具有较强的空气臭氧吸收能力和空气颗粒物滞留能力，城市绿地对于缓解城市热岛效应具有重要作用。绿地还是城市居民休闲游憩的重要场所，对保障居民身心健康具有重要价值。推进人与自然和谐共生的现代化，必须以满足人民日益增长的优美生态环境需要为目的，以城市发展面临的生态环境问题为突破口，把保护城市生态环境摆在更加突出的位置，在城市生产空间、生活空间、生态空间规划上下足"绣花"功夫，努力处理好城市生产生活和生态环境保护的关系。

作为人类活动最集中的区域，城市运行需要消耗大量自然资源，向自然环境排放大量废弃物，对生态环境影响巨大。据统计，占全球土地面积不到3%的城市，消耗了全球60%的水资源和76%的木材，排放了全球78%的碳。绝大多数生态环境问题，如环境污染、全球气候变化、生物多样性丧失等都与城市相关。

党的十八大以来，以习近平同志为核心的党中央把生态文明建设作为关系中华民族永续发展的根本大计，摆在治国理政的重要位置，谋划开展一系列具有根本性、长远性、开创性的工作，作出一系列事关全局的重大战略部署，把生态文明理念和原则全面融入城镇化全过程，强调走集约、智能、绿色、低碳的新型城镇化道路。城市绿地面积从 2006 年的 132.12 万公顷增长至 2019 年的 319.19 万公顷，建成区绿化覆盖率从 35.1% 提高到 41.3%，人均公园绿地面积达 14.4 平方米。绿地建设提高了城市调节气候、净化环境、减轻内涝、维持生物多样性等生态功能以及休闲娱乐的文化功能，对改善城市人居环境、提升城市品质发挥了重要作用。以深圳市为例，通过构建生态控制线，将近 50% 的市域面积纳入生态控制保护范围，城市生产空间与生活空间发展从增量扩张向存量优化转变，建成绿道 2400 余公里、公园 1206 个，累计恢复红树林湿地面积超过 135 公顷。不断优化的生态空间，不仅为城市居民提供绿色福利，而且为 2000 余种植物、近 380 种鸟类以及每年超过 10 万只候鸟提供了栖息地。

"十四五"时期是我国全面建成小康社会、实现第一个百年奋斗目标之后，乘势而上开启全面建设社会主义现代化国家新征程、向第二个百年奋斗目标进军的第一个五年。为全面建设社会主义现代化国家开好局、起好步，必须持续将生态文明建设作为事关人民群众切身利益的大事来谋划和推进，大力实施城市生态修复和功能完善工程，坚持以资源环境承载能力为刚性约束条件，以建设美好人居环境为目标，合理确定城市规模、人口密度，优化城市布局，建立连续完整的生态基础设施标准和政策体系，完善城市生态系统，加强绿色生态网络建设，把构建优美城市生态空间、提升城市生态功能、改善人居环境作为生态文明建设的重要内容。一方面，优化城市内部格局、扩大城市发展容量，统筹城市生产空间、生活空间、生态空间，协调与城市周边区域的发展和生态环境一体化管控，实施老城区生态改造，构建渗透全城、空间均衡的生态空间。另一方面，进一步加强绿色基础设施建设，科学实施城市生态修复，推动生态修复自然化、绿化植物本土化，构建以提高生物多样性和生态服务功能为目标导向的生态修复体系，提升城市气候调节、水文调节、环境净化、生物多样性保护、休闲游憩等生态功能，提高城市韧性与生态安全保障能力，为建设人与自然和谐共生的现代化提供有力支撑。

《人民日报》（2021年04月23日）

★ 拓展阅读

持续推进生物多样性保护和高质量发展

加强生物多样性保护是国际社会共识,也是我国生态文明建设的重要内容。我国已经开启全面建设社会主义现代化国家新征程,人与自然和谐共生的现代化是其重要特征之一。

加强生物多样性保护是建设人与自然和谐共生现代化的基础。生物多样性为人类提供了丰富多样的生产生活必需品、健康安全的生态环境和独特别致的自然景观文化等,是人类赖以生存和发展的基础,是地球生命共同体的血脉和根基。我国持续加大生物多样性保护力度,采取一系列有力措施,生物多样性保护取得显著成效。在新发展阶段,我们要完整、准确、全面贯彻新发展理念,秉持人与自然和谐共生的理念,持续推进生物多样性保护和高质量发展，坚持节约优先、保护优先、自然恢复为主，不断增强生态系统的韧性，统筹污染治理、生态保护、应对气候变化，促进生态环境持续改善，全面推进人与自然和谐共生的现代化。

充分把握新发展阶段加强生物多样性保护的战略部署。要明确各阶段目标任务，以有效应对生物多样性面临的挑战、全面提升生物多样性保护水平为总体目标。同时，分别以"十四五"和实现美丽中国为时间节点，明确2025年生态系统、重点物种、生物遗传资源等保护目标，到2035年，典型生态系统、国家重点保护野生动植物物种、濒危野生动植物及其栖息地得到全面保护，形成生物多样性保护推动绿色发展和人与自然和谐共生的良好局面。

加快生物多样性保护法治建设。研究推进相关法律法规的制定修订工作，统筹协调生态保护红线、自然保护地、生物多样性保护优先区、重点生态功能区管理，推进山水林田湖草沙冰一体化保护和修复，持续加强执法监督检查，严厉打击涉生物多样性的违法犯罪行为，形成严打严防严管严控的高压态势。协同推进生物多样性保护与生物资源可持续利用。加强生物资源开发和可持续利用技术研究，规范生物多样性友好型经营活动，推动绿色产业发展和特许经营，构建高品质、多样化生态产品体系，实现生物多样性可持续利用。强化生物多样性治理能力建设。构建完备的生物多样性保护监测体系，持续推进重点区域的生态系统、重点生物物种及重要生物遗传资源调查，持续提升外来入侵物种防控管理水平。切实履行我国参加的生物多样性相关的国际条约，积极参与全球生物多样性治理，加强生物多样性保护与绿色发展领域的双多边对话合作，提升国际影响力。加强生物多样性保护宣传教育，完善社会参与机制，引导各级党委和政府、企事业单位、社会组织及公众自觉主动参与生物多样性保护。加强组织领导和统筹协调。切实担负起生物多样性保护责任，研究建立市场化、社会化投融资机制，加强技术研究和专业人才培养，切实保障生物多样性保护工作有序高效开展。

当前，我国正处在加强生物多样性保护、推进全球环境治理的关键时期。我们要以习近平生态文明思想为指引，立足新发展阶段，贯彻新发展理念，构建新发展格局，将生物多样性保护融入生态文明建设和高质量发展全过程和各方面，促进各项任务有效实施。

全面落实责任。扭转生物多样性丧失趋势需要付出长期艰苦的努力。按照分级压实主体责任的基本原则，各级党委和政府要落实生态文明建设责任制，生物多样性主管部门要提高各项任务执行力，各相关部门要履行好生物多样性保护职责，加强协调配合，共同凝聚保护合力。

完善政策制度。按照生态文明建设总体要求，将生物多样性纳入经济社会发展的全过程，依照生态文明制度体系的要求，推进生物多样性领域法律法规制修订，制定新形势下中国生物多样性保护战略与行动计划和生物多样性保护重大工程十年规划，不断完善相关政策制度，将生物多样性新要求、新部署落实到各方面、各领域。

提高保护成效。坚持在保护中发展、在发展中保护，在加大生物多样性保护的基础上，进一步确定可持续利用的方向与范围。按照新发展理念要求，坚持生态优先、绿色发展，加快自然保护地优化调整，完善生态保护红线监管制度，开展系统性保护和修复，创新生物多样性可持续利用机制，推进生态产品价值实现，通过生物多样性保护助推经济社会高质量发展。

提升治理能力。有效衔接调查监测工作，充分依托各级各类监测站点，构建生态定位站点等监测网络，整合利用各级各类生物物种、遗传资源数据库和信息系统实现数据共享，推动生物多样性监测现代化。同时，有效衔接各类执法行动，推进全面开展执法监督检查。加大科技研发、教育培训、公众参与力度，构建全社会共同参与生物多样性保护的新格局，全面提升生物多样性保护能力和治理水平。

积极参与全球治理。秉持人类命运共同体理念，坚持多边主义，切实履行环境保护国际公约，积极参与全球生物多样性治理，深入开展生物多样性保护国际合作，为推进全球生物多样性保护提供中国智慧、中国方案，与国际社会共同构建人与自然生命共同体。

知识链接

人与自然和谐共生现代化的鲜明特征

中国式现代化坚持走生产发展、生活富裕、生态良好的文明发展道路,是人与自然和谐共生的现代化。人与自然和谐共生的现代化为创造人类文明新形态作出了重要贡献,形成了一系列鲜明特征。

鲜明特征之一:人与自然和谐共生的现代化始终坚持生态为民、生态利民、生态惠民的理念,把创造良好的生态环境作为最普惠的民生福祉,不断满足人民日益增长的优美生态环境需要。

一方面,充分发挥人民群众在生态文明建设中的主体地位,尊重人民群众的首创精神,调动人民群众的积极性、主动性和创造性。人与自然和谐共生的现代化是全体人民的共同事业,良好的生态环境是全体人民的共同财富，人民群众既是生态环境的保护者与建设者，也是生态文明的创造者。另一方面，坚持把人民的评判作为检验生态文明建设成效的依据，不断增强人民群众的获得感、幸福感和安全感。问题是时代的声音，人心是最大的政治。生态文明建设能否取得实际成效，最终取决于能否真正提供更多优质的生态产品，能否真正满足人民日益增长的优美生态环境需要，能否真正改善人民群众的生存生产生活环境。

着力解决影响人民群众生产生活的突出环境问题，各级党委和政府要带头贯彻落实推进绿色发展、加大生态系统保护力度、改革生态环境监管体制等具体措施，更加合理地配置资源能源，使全社会不断提高资源能源的利用效率，持续减少主要污染物排放总量，不断提升生态系统质量和稳定性，持续改善环境质量，让城乡环境更宜居，让人民生活更美好，切实实现好、维护好、发展好人民群众的根本利益。

鲜明特征之二：人与自然和谐共生的现代化始终坚持生命共同体理念，强调人类必须尊重自然、顺应自然、保护自然。

万物同源，和谐共生。一方面，作为共生共荣的生命共同体，人与自然之间形成了紧密互利、不可分割的关系。对生命共同体的认识，体现了与物共适、美美与共的有机整体世界观和生命观。人因自然而生，人与自然一荣俱荣、一损俱损。人与自然共生共荣是人与自然之间互利共生、协同进化发展的良好互动状态。另一方面，自然的发展和人的发展又相互影响、相互制约，人对自然的任何改造都会直接或间接作用于人类。习近平总书记指出，人与自然是相互依存、相互联系的整体，对自然界不能只讲索取不讲投入、只讲利用不讲建设。在尊重自然规律的基础上合理利用和改造自然，必将实现人与自然的永续发展；反之，若违背自然规律，人类对自然的伤害最终会伤及自身。我们强调树立尊重自然、顺应自然和保护自然的生态价值观，也是在强调提升和增强人们保护自然和维持生态平衡的道德境界与行为自觉。

党的十八大以来，我国的生态文明建设成效显著，一系列新理念和新要求为提升生态文明、建设美丽中国指明了前进方向和根本遵循。党的十九大将坚持人与自然和谐共生作为新时代坚持和发展中国特色社会主义基本方略的重要内容。党的十九届四中全会提出，坚持和完善生态文明制度体系，促进人与自然和谐共生；五中全会强调推动绿色发展，促进人与自然和谐共生。这不仅为推动生态文明建设实现新进步指明了方向，推动生态文明建设实现历史性跨越和质的飞跃，而且为建设人与自然和谐共生的现代化明确了路径。

鲜明特征之三：人与自然和谐共生的现代化始终坚持经济效益与生态效益的统一，真正走出一条生产发展、生活富裕、生态良好的文明发展道路。

生态环境保护的成败,归根到底取决于经济结构和经济发展方式,经济发展不应是对资源和生态环境的竭泽而渔,生态环境的保护也不应是舍弃经济发展的缘木求鱼,而是要坚持在发展中保护,在保护中发展,实现经济社会发展与人口、资源、环境相协调。

我们要正确处理经济发展与生态环境保护的关系,始终坚持经济效益与生态效益的统一,牢固树立保护生态环境就是保护生产力、改善生态环境就是发展生产力的理念,更加自觉地推动绿色发展、循环发展、低碳发展,决不以牺牲环境为代价去换取一时的经济增长,让良好的生态环境成为人民生活改善的增长点,成为经济社会发展的支撑点。实践已经证明,社会经济和生态环境的关系从来就不是一种不可调和的对立关系。绿水青山就是金山银山的理念,指明了生态环境和经济发展的密切性。改善生态环境,使大自然恢复其活力,在生态系统的良性循环体系的带动下,资源能够得到合理的分配和充分的循环利用,生态价值就会转换成推动生产力发展的源泉和动力。同时加快产业结构的优化升级,向绿色低碳的经济发展模式转型。只有经济和生态的协同转变,才能从根本上解决生态环境的问题,真正建立起从经济到生态的优势转换,更好地全面贯彻新发展理念,构建新发展格局,推动高质量发展。

面对全球气候变暖、生态破坏严重、生物多样性丧失等一系列全球环境问题，需要全世界携起手来共同应对。我们要处理好人与人、人与社会、人与自然、经济建设与环境保护的关系，坚持绿色发展、系统治理、以人为本，最终实现人与自然和谐共生的现代化，走具有绿色底色的中国式现代化道路，在世界范围内高举人类文明新形态的旗帜，建立绿色化、智能化、低污染、低消耗的新型人类文明。

走和平发展道路的现代化

中华民族是爱好和平的民族,中国人民是爱好和平的人民。中国共产党带领人民不懈探索,走出了一条中国式现代化道路。在这个过程中,中国没有走一些西方国家的老路,而是坚持走和平发展道路,始终做世界和平的建设者、全球发展的贡献者、国际秩序的维护者。新的征程上,我们坚定不移走和平发展道路,必定为世界和平与发展注入新的动力。

> 新知先学

携手实现世界永续和平发展

当前,世界百年未有之大变局加速演进,和平发展进步力量不断增长。习近平主席把脉时代前进方向,强调应该顺应历史大势,坚持合作、不搞对抗,坚持开放、不搞封闭,坚持互利共赢、不搞零和博弈,坚决反对一切形式的霸权主义和强权政治,坚决反对一切形式的单边主义和保护主义,提出"应该大力弘扬和平、发展、公平、正义、民主、自由的全人类共同价值,共同为建设一个更加美好的世界提供正确理念指引""应该携手推动构建人类命运共同体，共同建设持久和平、普遍安全、共同繁荣、开放包容、清洁美丽的世界""应该坚持互利共赢，共同推动经济社会发展更好造福人民""应该加强合作，共同应对人类面临的各种挑战和全球性问题""应该坚决维护联合国权威和地位，共同践行真正的多边主义"的重要论断，引发国际社会强烈共鸣。

行之以躬，不言而信。作为联合国事业的坚定支持者和贡献者，中国忠实履行联合国安理会常任理事国职责和使命，维护联合国宪章宗旨和原则，维护联合国在国际事务中的核心作用，在维护世界和平、促进共同发展、捍卫国际公平正义、应对全球性挑战中始终发挥重要建设性作用，得到国际社会广泛称赞。联合国秘书长古特雷斯感谢中国始终坚持多边主义，支持联合国工作，为促进世界和平与发展发挥了重要作用，作出了重大贡献。

世界潮流，浩浩荡荡，顺之则昌，逆之则亡。历史已经并将继续证明，互利合作必将取代零和博弈，多边主义必将战胜单边主义。"国际规则只能由联合国193个会员国共同制定，不能由个别国家和国家集团来决定。国际规则应该由联合国193个会员国共同遵守,没有也不应该有例外。"习近平主席强调,对联合国,世界各国都应该秉持尊重的态度,爱护好、守护好这个大家庭,决不能合则利用、不合则弃之,让联合国在促进人类和平与发展的崇高事业中发挥更为积极的作用。关键时刻,中国的重要宣示尽显大国担当。

站在新的历史起点,中国将站在历史正确的一边,站在人类进步的一边,坚持走和平发展之路、改革开放之路、多边主义之路,始终做世界和平的建设者、全球发展的贡献者、国际秩序的维护者,携手各方,为实现世界永续和平发展、推动构建人类命运共同体而不懈奋斗。

发展自身造福世界的现代化之路

林松添

在中国共产党坚强领导下,中国用几十年时间走完了发达国家几百年走过的工业化历程,创造了世所罕见的经济快速发展奇迹和社会长期稳定奇迹,成为维护世界和平稳定的中流砥柱和促进全球发展繁荣的中坚力量。随着我国综合国力和国际影响力提升,国际社会对中国发展走向的关注日益增多。很多人都想知道,中国将以什么样的方式实现现代化,实现国强民富、民族振兴。中国多次郑重宣示,将始终不渝走和平发展道路。习近平主席在多个场合指出,中国将始终做世界和平的建设者、全球发展的贡献者、国际秩序的维护者。无论国际形势如何变化,无论自身如何发展，中国走和平发展道路的决心和信念永不动摇。中国的现代化，必将是既发展自身又造福世界的现代化。

和平发展是中国共产党和中国人民根据自身历史和国情作出的选择

中华文明绵延5000多年，世代赓续，生生不息，始终保持旺盛生机与活力，为人类文明进步作出重要贡献。中华文明以和为贵、兼济天下、海纳百川，重视互学互鉴、兼收并蓄，致力于实现国泰民安、睦邻友好、天下太平的美好愿景，具有宏阔的视野、开放的胸襟。

2000多年前，中国人就开通了丝绸之路，推动东西方文明交流。600多年前，郑和率领当时世界最强大的船队七次远航太平洋和西印度洋，到访亚非30多个国家和地区，创造了世界航海史上的奇迹，却从未恃强凌弱，从未占领别国一寸土地，而是一路播撒和平友谊的种子，留下同沿途各国人民友好交往的佳话。

近代以后，由于封建统治的腐败，中国在世界发展潮流中落后了。在西方列强坚船利炮的进攻下，中国沦为半殖民地半封建社会，陷入了内忧外患、积贫积弱的黑暗境地。

中华民族历来爱好和平，但从不屈服于外来侵略和压迫。面对西方列强的野蛮行径，中国人民救亡图存的斗争从未停息。中国共产党成立后，团结带领中国人民为争取民族独立、人民解放进行了艰苦卓绝的斗争，建立了新中国。新中国的成立为维护世界和平、促进共同发展开辟了光明前景，对世界历史进程产生了深远的影响。

习近平总书记指出："一个民族最深沉的精神追求，一定要在其薪火相传的民族精神中来进行基因测序""中国人的血脉中没有称王称霸、穷兵黩武的基因"。经历了战乱频仍、山河破碎、民不聊生的深重苦难，中国人民深知和平的宝贵。走和平发展道路，既是传承中华优秀文化传统的必然结果，更是中国人民从近代以后苦难遭遇中得出的必然结论。

和平发展是中国现代化建设取得巨大成就的重要原因

上个世纪70年代末以来，中国牢牢把握和平与发展这一时代主题，顺势而为，开启改革开放的伟大进程。对内一心一意谋发展，不断深化改革，解放和发展生产力，致力于让全体人民都过上好日子。对外高举和平、发展、合作、共赢的旗帜，始终奉行独立自主的和平外交政策，坚持互利共赢的开放战略，积极参与并推动经济全球化，坚定维护国际关系基本准则，坚定维护世界公平正义，坚决反对霸权、霸凌和单边主义，在实现自身发展的同时，为维护世界和平稳定、促进共同发展不断作出新贡献。

经过长期不懈努力，我国已成为世界第二大经济体，对全球经济增长贡献率连续多年保持在30%左右。特别是党的十八大以来，在以习近平同志为核心的党中央坚强领导下，党和国家事业取得历史性成就、发生历史性变革。2020年我国GDP超过101万亿元，我们如期完成脱贫攻坚目标任务，创造了举世瞩目的现代化建设新成就，为全面建成社会主义现代化强国奠定了坚实基础。

中国的现代化成就，是靠中国共产党带领中国人民立足自身、艰苦奋斗、接续拼搏得来的，也是中国走和平发展道路的硕果。新中国成立70多年来，中国从没有主动挑起过任何一场战争和冲突。中国在坚定维护世界和平中谋求自身发展，又以自身发展更好维护世界和平。中国坚持开展对外援助，支持和帮助广大发展中国家消除贫困，是联合国维和行动第二大出资国和派出维和人员最多的联合国常任理事国。中国日益走近世界舞台的中央，将为全人类和平与繁荣不断作出更大贡献。

中国仅用几十年时间就取得了现代化建设辉煌成就，一个重要原因就是牢牢把握和平与发展的时代主题,坚持走和平发展道路。历史发展有其规律,只有在历史前进的逻辑中前进,在时代发展的潮流中发展,才能把握历史主动。实现中华民族伟大复兴是中华民族最伟大的梦想。新中国成立后,中国人民掌握自身命运,开始建设自己的国家,求发展、谋富强的愿望更加强烈。今天,随着世界多极化、经济全球化、社会信息化、文化多样化深入发展,和平发展的大势不可逆转。中国要发展,需要和平稳定的国际环境,需要顺应潮流,抓住宝贵发展机遇。坚持和平发展,使中国与世界形成紧密的良性互动:融入世界、扩大开放,中国现代化建设加快推进;拥抱世界、促进合作,中国不断为世界和平与发展注入强大正能量。

中国走和平发展之路,致力于解决中国面临的历史课题和现实问题,既顺应了中华民族走向复兴的历史大势,又顺应了当今时代发展大势,符合中国国情、符合中国人民愿望。中国在加快自身发展的同时,也创造了人类现代化历史上的发展奇迹。

和平发展是全面建设社会主义现代化国家的必然选择

当前,百年变局和世纪疫情交织叠加,世界经济陷入低迷期,单边主义、保护主义抬头,国际局势乱与变交织,世界不稳定性不确定性明显增强。然而，和平、发展、合作、共赢的时代潮流没有变，各国人民对美好生活的向往更为迫切。

党的十八大后，面对"建设一个什么样的世界、如何建设这个世界"等关乎人类前途命运的重大问题，习近平总书记提出推动构建人类命运共同体，并提出构建新型国际关系、共建"一带一路"等。构建人类命运共同体思想，彰显中华优秀传统文化和全人类的共同价值追求，总结和发展中国多年走和平发展道路的经验和智慧，着眼于实现中国人民同世界人民合作共赢、共同发展的共同利益，集中反映了新时代中国坚定不移走和平发展道路的信念、决心和行动。

实现现代化是一场接力跑，中国已经跑出了一个好成绩，已迈上全面建设社会主义现代化国家新征程。习近平总书记强调："中国走和平发展道路，不是权宜之计，更不是外交辞令，而是从历史、现实、未来的客观判断中得出的结论，是思想自信和实践自觉的有机统一。和平发展道路对中国有利、对世界有利，我们想不出有任何理由不坚持这条被实践证明是走得通的道路。"新征程上，我们面对的是国内艰巨繁重的改革发展稳定任务，是外部环境深刻复杂变化带来的严峻风险挑战。"中国之治"的独特优势、"东升西降"的历史趋势都说明，时与势在中国一边，道义和人心在中国一边。走和平发展道路，我们有坚实的物质基础和社会基础,有坚定信心和强大底气。

继续走和平发展道路,关键在于把世界的机遇转变为中国的机遇,把中国的机遇转变为世界的机遇,在中国与世界各国良性互动、互利共赢中积极进取、开拓前行。根据我国发展阶段、环境、条件的变化,顺应百年变局的趋势演变,我们立足新发展阶段、贯彻新发展理念、构建新发展格局,集中精力办好自己的事,用高质量发展解决发展不平衡不充分仍然突出的问题,增强抓住和用好新机遇的能力和自觉。我们将继续秉持人类命运共同体理念,推动构建相互尊重、公平正义、合作共赢的新型国际关系,高质量共建"一带一路",积极参与全球治理体系变革,同世界各国一起共同发展、合作共赢,以现代化建设新成就为世界带来更多机遇、作出更大贡献。

只有都走和平发展道路,各国才能共同发展,国与国才能和平相处。中国坚持走和平发展道路,也希望世界各国共同走和平发展道路。我们要广泛深入宣传中国坚持走和平发展道路的主张,引导国际社会正确认识和看待我国的发展。在这方面,民间外交具有独特优势、肩负重大使命。我国民间外交要充分发挥民间主体的丰富资源和独特优势,用听得懂、记得住、有感触的方式,讲好中国故事、中国共产党故事、中国特色社会主义故事、中国人民奋斗圆梦故事,让世界更加了解中国,更加客观理性、全面辩证地认识和看待中国发展道路、社会制度、价值理念和发展成就等，促进中外民相亲、心相通，为我国和平发展创造有利条件，为世界共同走和平发展道路奠定坚实基础。

《人民日报》（2021年05月07日）

与世界共同繁荣发展

陈东晓

今天的中国,已经开启全面建设社会主义现代化国家新征程。中国实现现代化的道路,是一条和平发展之路。互利共赢、共同发展,是这条道路的一个鲜明特征。中国不仅致力于实现自身发展,而且注重加强与各国合作共赢,携手为实现共同发展繁荣而努力。无论从人类现代化整体进程来看,还是从为当今世界破解难题、开辟光明发展前景来看,中国在实现现代化的道路上坚持与世界各国互利共赢、共同发展,都彰显出深远历史意义。

20世纪后期,世界多极化、经济全球化、社会信息化、文化多样化深入发展,和平、发展、合作、共赢成为时代潮流,世界各国相互联系、相互依存的程度空前加深。广大发展中国家加快现代化建设步伐，现代化进程的深度、广度不断拓展。在现代化进程中，一些西方国家积累起巨大物质财富、生产力极大提升，而一些发展中国家和地区则长期贫困，南北发展鸿沟日益扩大。国际社会越来越多的有识之士认识到，失衡的发展不可能带来世界的长期繁荣稳定，会使人类的现代化进程遭遇诸多困境。习近平主席指出，一些国家越来越富裕，另一些国家长期贫穷落后，这样的局面是不可持续的。水涨船高，小河有水大河满，大家发展才能发展大家。

中国走和平发展的现代化道路，始终致力于促进世界互利共赢、共同发展。中国不仅希望自己过得好，还希望各国人民共同过上好日子。在公平、开放、合作等理念的指引下，中国坚持把本国利益与各国共同利益结合起来，努力扩大各方利益的汇合点，不断提升发展的内外联动性，在实现自身发展的同时更多惠及其他国家和人民。这样的现代化发展之路，采取的方式是和平的，秉承的理念是双赢、多赢、共赢，追求的结果是让发展机会更加均等、让发展成果惠及各方。这与以往一些国家以零和博弈思维垄断发展优势、甚至不惜以战争和扩张掠夺资源的现代化之路完全不同，为人类走向现代化探索出新的道路，为世界的可持续发展、永续发展提供了中国方案和中国智慧。

在现代化进程中，人类创造了以往时代无法比拟的辉煌文明成果，但也面临着日益增多的严峻挑战。同时，国家间相互依存程度不断增强，风险关联程度也不断加深，单凭一个或几个国家的力量，无法应对现代化进程中的种种问题。只有各国团结合作、权责共担，才能战胜风险、应对挑战，才能持续推进人类的现代化进程。中国在现代化过程中把握历史规律，顺应时代潮流，倡导加强国际合作，携手应对全球性挑战，共同商量解决国际事务，为破解当今世界难题、开辟人类现代化光明前景作出积极贡献。

一个时期以来，人类现代化进程遭遇狭隘民族主义、保护主义、霸权主义等逆风逆流，世界共同发展步伐遇到阻碍。为促进世界经济增长、推进全球治理体系变革，中国倡议和推动成立了亚洲基础设施投资银行、丝路基金、金砖国家新开发银行等一系列国际组织及合作机制，与国际货币基金组织、世界银行等多边机制相互补充、相互促进。当前，共建"一带一路"进入高质量发展阶段，成果共享效应日益明显，不仅促进沿线国家和地区的经济增长，形成了联动效应和正面外溢效应，更着眼开放、绿色、廉洁理念和高标准、惠民生、可持续目标促进国际合作取得重要进展。突如其来的新冠肺炎疫情，进一步凸显了全球经济治理体系的不适应性和不公平性。中国以更加建设性的姿态承担自身国际责任，推进二十国集团框架下的抗疫合作，维护发展中国家的公平发展权益,彰显了全球治理体系改革的正确方向。

大时代需要大格局,大格局需要大智慧。互利共赢、共同发展,是我们身处当今时代需要的大格局、大智慧。中国始终不渝坚持互利共赢、共同发展,保持战略定力,以自身发展为世界提供更多机遇,扩大与世界各国的交流交往,帮助和支持广大发展中国家获得更多发展资源和空间。与此同时,充分发挥负责任大国作用,秉承共商共建共享理念积极参与全球治理体系改革,创新多边经济与发展合作机制,夯实促进世界共同发展的制度基石。中国将在全面建设社会主义现代化国家新征程上,一如既往走和平发展道路,与世界共同发展、共同繁荣。

《人民日报》(2021年05月07日)

坚定不移走和平发展道路

佟德志

实现现代化是世界上众多国家的追求，不同国家走向现代化的道路并不相同。中国用短短几十年时间走完了发达国家几百年走过的工业化历程，取得了举世瞩目的发展成就。在走向现代化的过程中，中国没有走西方国家的老路，而是选择了和平发展道路。

和平与发展是当今时代的主题，也是人类永恒的追求。习近平总书记强调："中华民族热爱和平，中国人民深知和平之可贵，中国坚定不移走和平发展道路。"中华传统文化中"以和为贵""和而不同""协和万邦""天人合一""天下太平"等理念，深深影响了中华儿女的思想和行为，孕育了热爱和平的民族秉性，培育了和平发展的民族基因。我国古代的"丝绸之路"既是一条贸易之路、文化之路，也是一条和平之路。

这样一个爱好和平的民族，却在近代以后饱受列强欺凌。即使这样，中国人民对于和平的信念也从未动摇，对战争带来的苦难有着刻骨铭心的记忆，对和平有着孜孜不倦的追求，十分珍惜和平安宁的生活。新中国成立后，中国人民拥有了建设自己国家、创造美好生活的和平环境，开启了现代化的伟大征程。中国应该走什么样的现代化道路？毛泽东同志提出，要"将我们现在这样一个经济上文化上落后的国家，建设成为一个工业化的具有高度现代文化程度的伟大的国家"。改革开放新时期，邓小平同志提出，要走出一条中国式的现代化道路。从党的十二大起，党的历次全国代表大会都对推进社会主义现代化建设作出战略部署。我国在对现代化道路的艰辛探索中，始终坚持独立自主的和平外交政策。进入新时代，习近平总书记强调，走和平发展道路，是我们党根据时代发展潮流和我国根本利益作出的战略抉择。回顾历史可以发现，中国决不会走历史上一些国家依靠侵略和扩张实现崛起的老路，而是坚定致力于探索一条以和平方式实现国家发展和民族复兴的新路。

我国走和平发展道路，是基于国情作出的现实选择。经过新

何为中国式现代化

中国成立70多年特别是改革开放40多年的发展，我国经济实力、科技实力、综合国力和人民生活水平不断迈上新的台阶，全面建成小康社会取得伟大历史性成就，社会主义中国以更加雄伟的身姿屹立于世界东方。与此同时，我国人口多、底子薄、发展不平衡不充分问题仍然突出，仍处于并将长期处于社会主义初级阶段这个最大国情和最大实际没有变，作为世界上最大发展中国家的国际地位没有变，发展仍然是我们党执政兴国的第一要务。还要看到，我国的现代化是人口规模巨大的现代化，比现在所有发达国家人口总和还要多的中国人民进入现代化行列，无论规模还是难度，都是世所罕见的。这就需要我们统筹中华民族伟大复兴战略全局和世界百年未有之大变局，立足基本国情，保持战略定力，付出艰苦努力，办好自己的事。这也要求我们统筹发展与安全，推动建设和平稳定的国际环境。所有这些因素，决定了我国的现代化必然走和平发展道路。

中国开创的社会主义现代化道路，为广大发展中国家实现现代化提供了有益经验。习近平总书记指出："世界潮流，浩浩荡荡，顺之则昌，逆之则亡。纵观世界历史，依靠武力对外侵略扩张最终都是要失败的。"当今世界正经历百年未有之大变局，新一轮科技革命和产业变革深入发展，国际力量对比深刻调整，和平与发展仍然是时代主题。同时，国际环境日趋复杂，不稳定性不确定性明显增强，国际经济政治格局复杂多变，世界进入动荡变革期。各国之间相互依存、相互联系日益紧密。顺应和平、发展、合作、共赢的时代潮流，中国积极倡导构建人类命运共同体，坚持相互尊重、平等协商，坚持走对话而不对抗、结伴而不结盟的新路，走出了一条通过合作共赢实现共同发展、和平发展的现代化道路，打破了"国强必霸"的大国崛起传统模式，提供了通向现代化的新的选择。中国充分发挥负责任大国作用，促进国际社会共同塑造更加公正合理的国际新秩序。我们明确表示欢迎各国搭乘中国发展的"顺风车"，为包括发展中国家在内的世界各国提供发展机遇。中国走和平发展的现代化道路，必将不断为世界和平与发展注入强大正能量。

《人民日报》（2021年05月07日）

★ 拓展阅读

和平发展是中国共产党矢志不渝的追求

为中国人民谋幸福、为中华民族谋复兴,是中国共产党的初心和使命。我们党深刻认识到,只有首先消除战争、实现和平,才能实现人民的安居乐业、国家的发展繁荣。历经28年浴血奋战,党带领中国人民取得新民主主义革命胜利,建立了新中国。中华人民共和国的成立,让中国人民能够在一个稳定环境中建设自己的国家,同时也显著壮大了世界和平发展的力量。无论是在社会主义建设之初,还是在我国综合国力日益提升的今天,和平发展都是我们党矢志不渝的追求。

新中国成立后,我们党确立了独立自主的和平外交政策,大力倡导和平共处五项原则,发展同其他国家的友好交往和互利合作。1957年，毛泽东同志强调，中国坚决主张一切国家实行和平共处五项原则。中国积极推动和平解决国际冲突和争端，支持被压迫民族的解放事业，坚定同发展中国家站在一起，主持国际公道和正义。中国的和平外交政策在国际上赢得广泛支持，有力促进了国际局势的总体缓和与稳定。

改革开放是决定当代中国命运的关键一招。我们党作出和平与发展是时代主题的重大战略判断，坚持以经济建设为中心，不断解放和发展社会生产力，积极参与经济全球化进程。面对世界对中国发展的关注，邓小平同志在联合国大会上的发言中指出："作为一个社会主义国家，中国永远属于第三世界，永远不能称霸。"中国的发展不会对任何人构成威胁，只会给世界带来更多的发展机遇和更加广阔的市场。进入21世纪，中国两次发布关于和平发展的白皮书，向世界郑重宣示中国始终不渝走和平发展道路。

党的十八大以来，以习近平同志为核心的党中央深刻把握新时代中国与世界发展大势，顺应和平、发展、合作、共赢的时代潮流，推动构建新型国际关系，推动构建人类命运共同体。我们党以宽广的全球视野、以对时代大势的深刻洞察、以强烈的使命担当，积极把世界机遇转化为中国机遇、把中国机遇转化为世界机遇。积极发展全球伙伴关系，努力扩大同各国的利益交汇点，中国始终是维护世界和平与发展的坚定力量，中国在和平发展道路上继续阔步前行。

我们党坚持和平发展道路，是从对历史、现实、未来的客观判断中得出的结论。坚持和平发展道路，先后写入党的十七大、十八大、十九大报告中，载入《中国共产党章程》。2018年3月，《中华人民共和国宪法修正案》将"坚持和平发展道路"正式写入宪法。这充分彰显了中国共产党走和平发展道路的坚定决心和坚强意志。

坚持和平发展道路是中国自身发展的必然要求。今天的中国已经取得巨大发展成就，但发展不平衡、不充分问题仍然突出，仍是世界上最大发展中国家。实现全面建成社会主义现代化强国、实现中华民族伟大复兴的宏伟目标，离不开和平稳定的国际环境。习近平总书记强调："没有和平，中国和世界都不可能顺利发展；没有发展，中国和世界也不可能有持久和平。"只有坚持和平发展道路，把和平与发展紧密联系起来，把本国利益和人类利益紧密结合起来，才能既实现国家富强、民族振兴、人民幸福，又为世界作出更大贡献。随着对外开放水平不断提高，中国与世界的联系越来越广泛、越来越密切，中国愿同世界各国一道维护和平，为共同发展创造有利条件。

坚持和平发展道路是中国自身文化传统和社会制度的必然要

求。中国人自古就推崇"协和万邦""亲仁善邻,国之宝也""四海之内皆兄弟也""远亲不如近邻""亲望亲好,邻望邻好""国虽大,好战必亡"等和平思想,近代遭受欺凌和战争的苦难经历,让中国人民更加珍爱和平。中华民族历来是爱好和平的民族,中国人民崇尚"己所不欲,勿施于人",血液中没有称王称霸、穷兵黩武的基因。无论发展到哪一步,中国都永远不称霸、永远不搞扩张。坚持和平发展,对内追求公平正义、社会和谐、共同富裕,对外主持公道、捍卫真理、伸张正义,是马克思主义政党和社会主义制度先进性的体现。邓小平同志说过,我们搞的是有中国特色的社会主义,是不断发展社会生产力的社会主义,是主张和平的社会主义。中国始终反对霸权主义和强权政治,主张在和平共处五项原则基础上发展同一切国家的友好合作,坚定不移维护世界和平。

坚持和平发展道路是顺应时代潮流和发展大势的必然选择。今天,经济全球化深入发展,国与国之间的联系越来越紧密。各种纷繁复杂的全球性挑战日益增多,需要各国携手合作应对,世界日益成为休戚与共的命运共同体。和平、发展、合作、共赢是当今时代潮流。那种只顾自己不顾别人,以武力征服、威胁别人来谋求自身发展空间和发展资源的做法,越来越行不通。要和平不要战争、要发展不要贫穷、要稳定不要混乱,是各国人民真实而朴素的共同愿望。我们党坚持走和平发展道路的决心，建立在对当今时代潮流和世界发展大势的深刻认识和把握之上。面对和平赤字、发展赤字等全人类面临的严峻挑战，我们更需要坚定走和平发展道路，携手各国共同为建设持久和平、共同繁荣的世界而努力。

知识链接

坚持不懈为人类谋和平与发展

中国共产党不仅自身坚定不移走和平发展道路,还向世界庄严承诺:为人类谋和平与发展。作为世界最大政党,我们党言必信、行必果,以实际行动维护世界和平安宁、推动共同发展。

当前,世界各国相互联系、相互依存更加紧密,和平、发展、合作、共赢的时代潮流更加强劲。发展中国家和新兴经济体对世界经济增长的贡献越来越大,国际力量对比继续朝着有利于维护世界和平发展的方向演进。党的十八大以来,我国综合国力和国际影响力不断增强,参与国际竞争、抵御外部风险的能力进一步增强,塑造外部环境的能力显著提高,运筹对外关系的资源和手段更加丰富,各方对我国的借重与合作不断增多。中国共产党带领中国人民走和平发展道路具有坚实基础和条件，有能力为推动世界和平发展作出更大贡献。

努力运筹好大国关系。大国是影响世界和平的决定性力量。大国关系好不好，影响着和平发展之路能否走得顺畅。以习近平同志为核心的党中央提出推动构建不冲突不对抗、相互尊重、合作共赢的新型大国关系。致力于推进大国协调合作，加强高层交往，深化战略对话，拓展务实合作，深化利益融合，持续改善我国和平发展的战略环境。

不断巩固与周边国家的睦邻友好关系，加强同发展中国家团结合作。以习近平同志为核心的党中央高度重视周边外交工作，按照亲诚惠容理念和与邻为善、以邻为伴周边外交方针深化同周边国家关系。秉持正确义利观和真实亲诚理念加强同发展中国家团结合作，推动形成携手共进、共同发展新局面。所有这些，都是中国共产党坚持和平发展的生动体现。

积极参与引领全球治理体系改革和建设，发挥负责任大国作用。中国坚决维护联合国宪章宗旨和原则，坚定维护多边主义，倡导共商共建共享原则，推动全球治理体系朝着更加公正合理的方向发展。致力于推动国际发展事业，为发展中国家实现联合国千年发展目标提供支持和帮助，推动共建"一带一路"，为各国发展提供更多机遇。携手国际社会应对气候变化、公共卫生等全球性问题，不断贡献中国智慧和中国力量。

当今世界正经历百年未有之大变局，坚持走和平发展道路不可避免会遇到许多挑战。然而，任何困难和力量都不能动摇中国共产党团结带领中国人民走和平发展道路的信念，任何人、任何势力、任何国家如果损害中国的核心利益，中国共产党和中国人民也都坚决不答应。我们要把中国走和平发展道路与推动各国共同走和平发展道路结合起来，把坚持和平发展与维护我国正当权益和核心利益统一起来，推动我国在与世界各国良性互动、互利共赢中开拓前行，为人类和平发展的崇高事业作出新的更大贡献。

走好中国式现代化道路

百年成就催人奋进，百年经验予人启迪。用历史映照现实、面向未来，中国共产党坚定不移地把发展作为执政兴国的第一要务，始终践行以人民为中心的发展思想，全面深化改革和扩大开放，深入推进中国式现代化，实现更高质量、更有效率、更加公平、更可持续、更为安全的发展，让人民更多更好享有经济、政治、文化、社会、生态文明发展成果，以中国新发展为世界提供新机遇、为各国共同发展注入新动力。

实现人类发展史上前所未有的创举

《中共中央关于党的百年奋斗重大成就和历史经验的决议》提出，只要我们既不走封闭僵化的老路，也不走改旗易帜的邪路，坚定不移走中国特色社会主义道路，就一定能够把我国建设成为富强民主文明和谐美丽的社会主义现代化强国，实现这一人类发展史上前所未有的创举。

在经济建设上，我们要贯彻新发展理念，实现创新成为第一动力、协调成为内生特点、绿色成为普遍形态、开放成为必由之路、共享成为根本目的的高质量发展。在政治建设上，我们要发展全过程人民民主，保证人民依法实行民主选举、民主协商、民主决策、民主管理、民主监督，从各层次各领域扩大人民有序政治参与。在文化建设上，我们要建设具有强大凝聚力和引领力的社会主义意识形态，建设社会主义文化强国，激发全民族文化创新创造活力。在社会建设上，我们要以保障和改善民生为重点，尽力而为、量力而行，在幼有所育、学有所教、劳有所得、病有所医、老有所养、住有所居、弱有所扶上持续用力，加强和创新社会治理，使人民获得感、幸福感、安全感更加充实、更有保障、更可持续。在生态文明建设上，我们要坚持绿水青山就是金山银山的理念，坚持山水林田湖草沙冰一体化保护和系统治理，像保护眼睛一样保护生态环境，像对待生命一样对待生态环境，更加自觉地推进绿色发展、循环发展、低碳发展，坚持走生产发展、生活富裕、生态良好的文明发展道路，实现2030年前碳达峰、2060年前碳中和的目标。

社会主义现代化建设任重道远，但我国已成功走出一条自己的现代化道路。在近代以来的很长时间，一些发展中国家照抄照搬西方国家的现代化模式，结果不光没能实现现代化，反而带来了很多问题甚至灾难。而中国共产党坚持独立自主，坚定不移地走自己的路，在坚持自己的理念、价值观和基本制度的基础上，吸纳包括西方国家在内的其他国家和地区创造的人类文明共同成果，领导人民探索出中国式现代化道路，创造了人类文明新形态，拓展了发展中国家走向现代化的途径，给世界上那些既希望加快发展又希望保持自身独立性的国家和民族提供了全新选择。

中国式现代化具有以下基本特征：一是人口规模巨大的现代化，惠及14亿多人。二是追求实现共同富裕的现代化，而不是两极分化的现代化，这是由中国的社会主义性质决定的，由中国共产党的性质和宗旨决定的。三是物质文明和精神文明协调发展的现代化，要繁荣发展社会主义先进文化，弘扬中华优秀传统文化。四是人与自然和谐共生的现代化，要建设社会主义生态文明，建设美丽中国。五是和平发展的现代化，中国过去没有、今后也绝不会像很多西方国家那样，通过侵略战争、殖民统治等罪恶手段实现现代化。中国的现代化是靠自己双手干出来的，在自己发展的同时，也给其他国家带来发展机遇。

把中国这样一个经济曾经十分落后的人口大国建成社会主义现代化强国，是人类发展史上前所未有的创举，自然面临着不少风险、困难和挑战。但是，中国共产党仅用几十年的时间就创造了有些西方国家用一百年甚至更长时间才取得的成就，这一奇迹背后所展现的中国特色社会主义道路、制度以及中国共产党人的理念、意志等足以使我们相信，中国共产党一定能够团结带领中国人民实现中华民族伟大复兴的宏伟目标。

走好中国式现代化新道路

韩保江

习近平总书记在庆祝中国共产党成立100周年大会上的重要讲话中指出:"我们坚持和发展中国特色社会主义,推动物质文明、政治文明、精神文明、社会文明、生态文明协调发展,创造了中国式现代化新道路,创造了人类文明新形态。"中国共产党自成立之日起,始终牢记和践行为中国人民谋幸福、为中华民族谋复兴的初心使命,团结带领中国人民经过艰辛探索、接续奋斗,不断解放和发展社会生产力,推动我国社会主义现代化建设取得举世瞩目的成就。在新征程上,我们必须深入学习贯彻习近平总书记"七一"重要讲话精神,走好中国式现代化新道路。

新中国成立后,在一届全国人大一次会议开幕式上,毛泽东同志提出"将我们现在这样一个经济上文化上落后的国家,建设成为一个工业化的具有高度现代文化程度的伟大的国家"的奋斗目标。我们党清醒认识到:"如果我们不建设起强大的现代化的工业、现代化的农业、现代化的交通运输业和现代化的国防,我们就不能摆脱落后和贫困,我们的革命就不能达到目的。"改革开放新时期,邓小平同志提出了"中国式的现代化"概念,强调"我们要实现的四个现代化,是中国式的四个现代化"。上世纪80年代,我们党提出经济建设"三步走"战略,确立了推动中国式现代化的发展规划。随着社会主义现代化的推进,在解决人民温饱问题、人民生活总体达到小康水平这两个目标已经提前实现的基础上,我们党根据形势发展变化,进一步提出了"两个一百年"奋斗目标,即到建党一百年时全面建成小康社会,到新中国成立一百年时把我国建成富强民主文明和谐的社会主义现代化国家。中国特色社会主义进入新时代,以习近平同志为核心的党中央统揽伟大斗争、伟大工程、伟大事业、伟大梦想,对新时代中国特色社会主义发展作出战略安排,提出在全面建成小康社会的基础上,到2035年基本实现社会主义现代化,到本世纪中叶把我国建成富强民主文明和谐美丽的社会主义现代化强国。经过持续奋斗,我们在中华大地上全面建成了小康社会,历史性地解决了绝对贫困问题。这在我国社会主义现代化建设进程中具有里程碑意义，为我国进入新发展阶段、朝着全面建成社会主义现代化强国的第二个百年奋斗目标进军奠定了坚实基础。

走好中国式现代化新道路，必须坚持正确方向。习近平总书记指出："我们的任务是全面建设社会主义现代化国家，当然我们建设的现代化必须是具有中国特色、符合中国实际的"。我们要实现的现代化，是人口规模巨大的现代化，是全体人民共同富裕的现代化，是物质文明和精神文明相协调的现代化，是人与自然和谐共生的现代化，是走和平发展道路的现代化。这是我国现代化建设必须坚持的方向，要在我国发展的方针政策、战略战术、政策举措、工作部署中得到体现，推动全党全国各族人民共同为之努力。

走好中国式现代化新道路，必须坚持党的基本理论、基本路线、基本方略。习近平总书记强调："全党同志必须全面贯彻党的基本理论、基本路线、基本方略，更好引领党和人民事业发展。"坚持党的基本理论，就要始终坚持马克思主义指导地位，自觉用习近平新时代中国特色社会主义思想这一当代中国马克思主义、21世纪马克思主义武装全党、教育人民。坚持党的基本路线，就要始终坚持"以经济建设为中心，坚持四项基本原则，坚持改革开放"这个党在社会主义初级阶段的基本路线。坚持党的基本方略，就要坚持党对一切工作的领导、坚持以人民为中心、坚持全面深化改革、坚持新发展理念、坚持人民当家作主、坚持全面依法治国、坚持社会主义核心价值体系、坚持在发展中保障和改善民生、坚持人与自然和谐共生、坚持总体国家安全观、坚持党对人民军队的绝对领导、坚持"一国两制"和推进祖国统一、坚持推动构建人类命运共同体、坚持全面从严治党。

  走好中国式现代化新道路，必须立足新发展阶段，完整、准确、全面贯彻新发展理念，构建新发展格局、推动高质量发展。新发展阶段是社会主义初级阶段中的一个阶段，同时是其中经过几十年积累、站到了新的起点上的一个阶段；是我们党带领人民迎来从站起来、富起来到强起来历史性跨越的新阶段。要统筹中华民族伟大复兴战略全局和世界百年未有之大变局，从根本宗旨、问题导向、忧患意识上把握新发展理念，加快构建以国内大循环为主体、国内国际双循环相互促进的新发展格局。构建新发展格局的关键在于经济循环的畅通无阻，必须坚持深化供给侧结构性改革这条主线，继续完成"三去一降一补"的重要任务，全面优化升级产业结构，提升创新能力、竞争力和综合实力，增强供给体系的韧性，形成更高效率和更高质量的投入产出关系，实现需求牵引供给、供给创造需求的高水平动态平衡。构建新发展格局最本质的特征是实现高水平的自立自强，必须更强调自主创新，全面加强对科技创新的部署,集中优势资源,有力有序推进创新攻关的"揭榜挂帅"体制机制,加强创新链和产业链对接。建立起扩大内需的有效制度,释放内需潜力,加快培育完整内需体系,加强需求侧管理,扩大居民消费,提升消费层次。构建新发展格局,实行高水平对外开放,必须具备强大的国内经济循环体系和稳固的基本盘。要塑造我国参与国际合作和竞争新优势,重视以国际循环提升国内大循环效率和水平,改善我国生产要素质量和配置水平,推动我国产业转型升级。

《人民日报》(2021年07月27日)

何为中国式现代化

走中国式现代化新道路

黄 罡

习近平总书记在庆祝中国共产党成立 100 周年大会上的重要讲话中指出:"走自己的路,是党的全部理论和实践立足点,更是党百年奋斗得出的历史结论。"坚持和发展中国特色社会主义,坚持走中国式现代化新道路,我们党领导全国各族人民创造了经济快速发展和社会长期稳定"两大奇迹",正以开拓创新的精神状态、风雨无阻的闯劲干劲,意气风发开启全面建设社会主义现代化国家新征程,向第二个百年奋斗目标进军。

世界上既不存在定于一尊的现代化模式,也不存在放之四海而皆准的现代化标准。近代以来中华民族由衰到盛 180 多年的历程、中国共产党领导中国人民进行伟大社会革命100年的实践证明，别人的路，我们搬不来，搬来了也走不通。西方发达国家的现代化，是一个按工业化、城镇化、农业现代化、信息化顺序"串联式"的发展过程，发展到目前水平用了200多年时间。中国要后来居上，就决不能跟在别人后面亦步亦趋，必须充分发挥后发优势，立足本国实际，走自己的路，同步推进工业化、信息化、城镇化、农业现代化，全面推进现代化。

新中国成立70多年来特别是改革开放40多年来，在中国共产党的坚强领导下，我们成功开辟出中国式现代化新道路，实现了人类历史上前所未有的大变革。从落后时代到赶上时代再到引领时代，我国在现代化的征途上不断奋进。中国的发展道路和经验昭告世人，通向现代化的道路不止一条，任何一个国家只要找到一条符合自身国情的发展道路，就可以在保持自身独立性的同时迎来发展的广阔前景。

中国式现代化新道路，是一条前人没有走过的道路，没有现成经验可以照搬，需要面对党内和党外的、国内和国际的、传统和非传统的、人类社会和自然界的多种复杂严峻的风险挑战。面对前进道路上层出不穷的新情况新问题，中国共产党领导中国人民把握世界大势、抓住和用好历史机遇，坚持独立自主、坚定不移走自己的路，解放思想、实事求是、敢闯敢试，研究规律、把握规律、遵循规律，不断把中国式现代化推向前进。

中国式现代化新道路能够走得通、走得稳，离不开中国特色社会主义制度的支撑和保障，彰显了中国特色社会主义制度的强大生命力和巨大优越性。中国特色社会主义制度充分反映人民意志，保证国家机关协调高效运转，有利于调动各方面资源、集中力量办大事，有利于全面推进经济社会发展、促进人的全面发展和社会全面进步。实践证明，中国特色社会主义制度是当代中国发展进步的根本制度保障，是具有鲜明中国特色、明显制度优势、强大自我完善能力的先进制度。坚持中国特色社会主义制度，我们发展壮大起来了，人民生活显著改善了。走中国式现代化新道路，必须始终坚定制度自信，坚持好、巩固好、完善好我国国家制度和国家治理体系，不断把制度优势更好转化为治理效能。

当今时代，各国人民的交往比过去任何时候都更深入、更广泛，各国相互联系和彼此依存比过去任何时候都更频繁、更紧密。走中国式现代化新道路，并不是关起门来搞建设，而是要从国情出发，从实际出发，坚持以我为主、为我所用，吸收借鉴其他优秀文明成果来发展自己，在自己选择的道路上昂首阔步走下去，把中国发展进步的命运牢牢掌握在自己手中。

《人民日报》（2021年09月15日）

走出中国式现代化道路

陈光俊

党的十九届六中全会通过的《中共中央关于党的百年奋斗重大成就和历史经验的决议》指出:"党领导人民成功走出中国式现代化道路,创造了人类文明新形态,拓展了发展中国家走向现代化的途径,给世界上那些既希望加快发展又希望保持自身独立性的国家和民族提供了全新选择。"实践表明,中国式现代化既切合中国实际,体现社会主义建设规律,也符合世界大势,体现人类社会发展规律,提供了实现现代化的全新选择,展现出人类社会现代化的光明前景。坚定不移沿着中国式现代化道路走下去,中华民族伟大复兴的中国梦必将实现。

中国式现代化是人口规模巨大的现代化。习近平总书记指出："我国现代化是人口规模巨大的现代化"。迄今为止，全球实现现代化的国家和地区人口约为10亿。中国共产党把中国人民动员起来、组织起来全面建设社会主义现代化国家，让14亿多人口整体迈入现代化，必将彻底改写现代化的世界版图，这在中华民族发展史上、在人类历史上都具有极其重大而深远的意义。

中国式现代化是全体人民共同富裕的现代化。习近平总书记指出："共同富裕是社会主义的本质要求，是中国式现代化的重要特征"。我们党坚持以人民为中心的发展思想，在整个现代化进程中始终重视解决地区差距、城乡差距、收入分配差距拉大等突出问题。到2035年基本实现社会主义现代化时，全体人民共同富裕将取得更为明显的实质性进展；到本世纪中叶建成富强民主文明和谐美丽的社会主义现代化强国时，全体人民共同富裕将基本实现。

中国式现代化是物质文明和精神文明相协调的现代化。习近平总书记指出："只有物质文明建设和精神文明建设都搞好，国家物质力量和精神力量都增强，全国各族人民物质生活和精神生活都改善，中国特色社会主义事业才能顺利向前推进。"走中国式现代化道路，要培育和践行社会主义核心价值观，加强理想信念教育，弘扬中华优秀传统文化，增强人民精神力量，促进物的全面丰富和人的全面发展。

中国式现代化是人与自然和谐共生的现代化。习近平总书记指出："我国建设社会主义现代化具有许多重要特征，其中之一就是我国现代化是人与自然和谐共生的现代化，注重同步推进物质文明建设和生态文明建设。"走中国式现代化道路，要求我们贯彻新发展理念，坚持不懈推动绿色发展，促进经济社会全面绿色低碳转型，走生产发展、生活富裕、生态良好的文明发展道路，不断满足人民群众日益增长的优美生态环境需要。

中国式现代化是走和平发展道路的现代化。习近平总书记指出："中国始终是世界和平的建设者、全球发展的贡献者、国际秩序的维护者、公共产品的提供者，将继续以中国的新发展为世界提供新机遇。"中国式现代化既发展自身又造福世界，既坚持把国家和民族发展放在自己力量的基点上，又不断吸收借鉴人类文明的一切优秀成果，推动构建人类命运共同体，共建更加美好的世界。

《人民日报》（2021年12月08日）

以中国式现代化推进中华民族伟大复兴

陈金龙

党的十九届六中全会通过的《中共中央关于党的百年奋斗重大成就和历史经验的决议》指出:"坚持和发展中国特色社会主义,总任务是实现社会主义现代化和中华民族伟大复兴""以中国式现代化推进中华民族伟大复兴"。中国式现代化,开辟了符合我国国情的现代化道路,奠定了实现中华民族伟大复兴的坚实基础,展现出人类文明发展的光明前景。

中国式现代化是建设社会主义现代化强国的正确道路

习近平总书记指出："中国幅员辽阔、人口众多，要想发展振兴，最重要的就是立足国情、走自己的路。"中国式现代化契合我国实际，遵循共产党执政规律、社会主义建设规律、人类社会发展规律，引领时代发展潮流，是建设社会主义现代化强国的正确道路。

实现现代化是近代以来世界各国孜孜以求的目标。世界上既不存在定于一尊的现代化模式，也不存在放之四海而皆准的现代化标准。我们党立足我国实际，团结带领人民开辟出中国式现代化道路，奋力建设社会主义现代化，向着中华民族伟大复兴宏伟目标不断迈进。新中国成立不久，我们党就提出建设社会主义现代化国家的目标。毛泽东同志指出，我们的任务"就是要安下心来，使我们可以建设我们国家现代化的工业、现代化的农业、现代化的科学文化和现代化的国防"。改革开放后，邓小平同志强调："我们从八十年代的第一年开始，就必须一天也不耽误，专心致志地、聚精会神地搞四个现代化建设。"中国特色社会主义进入新时代，习近平总书记指出："我们坚持和发展中国特色社会主义，推动物质文明、政治文明、精神文明、社会文明、生态文明协调发展，创造了中国式现代化新道路，创造了人类文明新形态。"

随着对社会主义现代化建设规律认识的不断深化，我们党将现代化的内涵逐步扩展到经济、政治、文化、社会、生态文明等多方面，中国式现代化的特征和优势也越来越显著。中国式现代化，是人口规模巨大的现代化，让14亿多人口整体迈入现代化，意味着比现在所有发达国家人口总和还要多的中国人民将进入现代化行列，必将彻底改写现代化的世界版图；是全体人民共同富裕的现代化，推动发展成果更多更公平惠及全体人民，不断提高人民群众的获得感、幸福感、安全感；是物质文明和精神文明相协调的现代化，促进物的全面丰富和人的全面发展，既让人民物质生活水平不断提高，又让人民精神文化生活日益丰富；是人与自然和谐共生的现代化，既创造更多物质财富和精神财富，以满足人民日益增长的美好生活需要，也提供更多优质生态产品，以满足人民日益增长的优美生态环境需要；是走和平发展道路的现代化，既发展自身又造福世界，既坚持把国家和民族发展放在自己力量的基点上，又不断吸收借鉴人类文明一切优秀成果，推动构建人类命运共同体，不断为世界和平与发展注入强大正能量。

人类历史上没有一个民族、一个国家可以通过依赖外部力量、照搬外国模式、跟在他人后面亦步亦趋实现强大和振兴。实现中华民族伟大复兴，必须坚持独立自主原则，依靠自己力量，坚定不移走自己的路。中国人民有坚定的道路自信，就是因为中国特色社会主义道路适合中国国情、符合中国特点、顺应时代发展要求，是一条走得对、行得通的强国之路。

中国式现代化推动实现中华民族伟大复兴进入了不可逆转的历史进程

习近平总书记指出："一个国家走的道路行不行，关键要看是否符合本国国情，是否顺应时代发展潮流，能否带来经济发展、社会进步、民生改善、社会稳定，能否得到人民支持和拥护，能否为人类进步事业作出贡献。"我们党团结带领中国人民创造了中国式现代化道路，创造了经济快速发展和社会长期稳定两大奇迹，中华民族伟大复兴的制度保证不断完善、物质基础更为坚实、精神力量持续增强，实现中华民族伟大复兴进入了不可逆转的历史进程。

制度保证不断完善。在百年奋斗历程中，我们党团结带领人民对现代化进行艰辛求索，推动中华民族伟大复兴的制度保证不断完善、制度基础不断稳固、制度优势充分彰显。我们党团结带领人民建立人民当家作主的中华人民共和国，为实现中华民族伟大复兴创造了根本社会条件。进行社会主义革命，消灭在中国延续几千年的封建剥削压迫制度，确立社会主义基本制度，为实现中华民族伟大复兴奠定了根本政治前提和制度基础。确立党在社会主义初级阶段的基本路线，坚定不移推进改革开放，开创、坚持、捍卫、发展中国特色社会主义，为实现中华民族伟大复兴提供了充满新的活力的体制保证。进入新时代，我们党把制度建设摆到更加突出的位置，着力构建系统完备、科学规范、运行有效的制度体系，使各方面制度更加成熟更加定型，支撑中国特色社会主义制度的根本制度不断筑牢、基本制度更加完善、重要制度不断创新，各领域基础性制度框架基本确立，系统完备、科学规范、运行有效的制度体系日渐成型，为实现中华民族伟大复兴提供了更为完善的制度保证。

物质基础更为坚实。习近平总书记指出："实现中华民族伟大复兴的中国梦，就是要实现国家富强、民族振兴、人民幸福"。新中国成立以来特别是改革开放以来，我国经济持续快速发展，目前总量位居世界第二。党的十八大以来，我们党着眼我国社会主要矛盾转化，坚持以人民为中心的发展思想，准确把握新发展阶段，完整、准确、全面贯彻新发展理念，加快构建新发展格局，深入推进供给侧结构性改革，坚定实施科教兴国战略、创新驱动发展战略、区域协调发展战略等重大战略，打好防范化解重大风险、精准脱贫、污染防治攻坚战，推动经济进入高质量发展轨道，我国经济实力、科技实力、国防实力和综合国力显著增强，国际地位、国际形象极大提升，实现了第一个百年奋斗目标，在中华大地上全面建成了小康社会，历史性地解决了绝对贫困问题，为实现中华民族伟大复兴提供了更为坚实的物质基础。

精神力量持续增强。一个民族的复兴需要强大的物质力量，也需要强大的精神力量。中国式现代化，将增进人民福祉、实现人的全面发展作为出发点和落脚点，不断增强中国特色社会主义道路、理论、制度、文化自信，有力提振中国人民的精气神。进入新时代，以习近平同志为主要代表的中国共产党人，坚持用马克思主义的立场、观点、方法观察时代、把握时代、引领时代，创立了习近平新时代中国特色社会主义思想这一当代中国马克思主义、二十一世纪马克思主义，为我们提供了认识世界、改造世界的强大思想武器。我们党大力弘扬以爱国主义为核心的民族精神和以改革创新为核心的时代精神，鲜明提出以伟大建党精神为源头的中国共产党人精神谱系，积极培育和践行社会主义核心价值观，锲而不舍、一以贯之抓好社会主义精神文明建设，推动中华优秀传统文化创造性转化和创新性发展，铸牢中华民族共同体意识，为实现中华民族伟大复兴提供了更为主动的精神力量。

中国式现代化深刻影响世界现代化进程

中国共产党既为中国人民谋幸福、为中华民族谋复兴,也为人类谋进步、为世界谋大同,以自强不息的奋斗深刻改变了世界发展的趋势和格局。我们党坚持以中国式现代化推进中华民族伟大复兴,从根本上扭转了中华民族的历史命运,也深刻影响着世界现代化进程,为发展中国家走向现代化提供了全新选择,展现了世界社会主义发展、人类文明发展的光明前景。

习近平总书记强调:"中国式现代化新道路越走越宽广,将更好发展自身、造福世界"。在推进中国式现代化、实现中华民族伟大复兴进程中,我国如期打赢脱贫攻坚战,如期全面建成小康社会、实现第一个百年奋斗目标,显著提升了人类社会整体发展水平。改革开放以来,按照现行贫困标准计算,我国7.7亿农村贫困人口摆脱贫困。按照世界银行国际贫困标准,中国减贫人口占同期全球减贫人口70%以上,提前10年实现《联合国2030年可持续发展议程》减贫目标。根据国际货币基金组织统计,2019年共有70个国家和地区人均国内生产总值超过1万美元,包括中国14亿人口在内,总数约为28亿人。正是中国的不懈努力,使得世界上人均国内生产总值超过1万美元的人口数量翻了将近一番。中国式现代化的不断推进,让科学社会主义在21世纪的中国焕发出强大生机活力，使世界范围内两种意识形态、两种社会制度的历史演进及其较量，发生了有利于马克思主义、社会主义的深刻转变。以中国式现代化推进中华民族伟大复兴，将进一步彰显中国特色社会主义的优越性，展现世界社会主义的光明前景。

中国式现代化的稳步推进，给世界上那些既希望加快发展又希望保持自身独立性的国家和民族提供了全新选择，为人类对现代化道路的探索作出了巨大贡献。中国共产党领导人民成功走出中国式现代化道路，以无可争辩的事实证明，现代化不是西方的专利，更不能由资本主义制度垄断，各国完全可以独立自主走出适合自己国情的现代化道路。以中国式现代化推进中华民族伟大复兴，能够极大丰富现代化理论、拓展现代化实践，为广大发展中国家走向现代化、推进世界现代化进程贡献更多中国智慧、中国方案。

奋进全面建设社会主义现代化国家新征程，我们要统筹中华民族伟大复兴战略全局和世界百年未有之大变局，坚持以中国式现代化推进中华民族伟大复兴，奋力创造新的更大奇迹，为人类作出新的更大贡献。

《人民日报》（2022年02月22日）

★ 拓展阅读

坚定不移走中国式现代化道路

中国式现代化道路不仅畅通了全面建成社会主义现代化强国的路径,而且为人类走向现代化提供了全新选择。这条现代化道路,不同于西方国家走过的现代化道路,具有鲜明的中国特色与显著优势,是实现中华民族伟大复兴的必由之路。

中国式现代化道路坚持党总揽全局、协调各方的领导核心作用。政党政治是现代政治的主要运作方式,由于历史文化和社会发展的差异,当今世界各国的政党制度各不相同。西方国家在竞选票决的作用下,政党必然沦为各自集团谋取利益的工具,民生议题难以成为第一选项,社会发展无法形成合力。历史发展的实践证明,一个国家只有具备一个坚强的组织核心,才能有效驾驭、协调、整合各种社会力量朝着一致的目标和方向前进。中国式现代化道路坚持中国共产党的全面领导,确保党总揽全局、协调各方的核心地位。习近平总书记指出:"如果中国出现了各自为政、一盘散沙的局面,不仅我们确定的目标不能实现,而且必定会产生灾难性后果。"坚持党的全面领导是组织、调动、凝聚广大人民群众智慧和力量的根本政治保障,是全国各族人民的利益所系、命运所系,是中国式现代化道路的最大特色和最大优势。在100多年的伟大实践中,我们党形成了强大的政治领导力、思想引领力、群众组织力和社会号召力,能够总揽全局、协调各方,从根本上确保中国式现代化沿着正确的方向前进。

中国式现代化道路坚持以人民为中心。西方国家在现代化进程中遵循的是资本逻辑,没有给人民带来普遍性的幸福,相反衍生的是人的异化与社会的分裂。中国式现代化道路深刻把握"无产阶级的运动是绝大多数人的,为绝大多数人谋利益的独立的运动",在推进现代化的实践进程中始终坚持以人民为中心,把人民利益摆在至高无上的地位。中国式现代化道路坚持人民至上,以造福全体人民为根本目标,"我们的目标很宏伟,但也很朴素,归根到底就是让全体中国人都过上好日子"。在现代化的内容上坚持人民"美好生活"向度,让每个人获得发展自我和奉献社会的机会,切实提升人民群众的获得感、幸福感、安全感。在现代化的进程中坚持人民主体地位,秉承发展依靠人民、发展为了人民,不断激发蕴藏在人民群众中的创造伟力。在现代化的归宿上以实现共同富裕取得更为明显的实质性进展为阶梯,推动实现人的自由全面发展。

中国式现代化道路坚持中国特色社会主义制度。我们党领导人民逐渐形成并发展了一整套中国特色社会主义制度和国家治理体系,这套制度和治理体系具有坚持党的集中统一领导、坚持人民当家作主、坚持全面依法治国、坚持全国一盘棋等显著优势,体现在我国经济、政治、文化、社会、生态文明和党的建设各领域各方面,为全面建设社会主义现代化国家提供了根本保障。发展是人类社会的永恒主题,是实现现代化的根本和关键,但如何推进发展却各有不同。西方国家奉行的是建立在生产资料私有制基础上的资本主义市场经济模式,生产的无序、市场的失灵和社会的分化是其无法克服的痼疾。中国式现代化道路坚持从本国实际和国情出发,建立健全社会主义基本经济制度,推进经济社会实现高质量发展。在所有制层面"坚持公有制为主体、多种所有制经济共同发展",给经济社会健康发展铸牢了坚实的制度基础。在分配方式层面"坚持按劳分配为主体、多种分配方式并存",这既激发了劳动者的生产积极性,又使各种社会资源和要素能够更充分地进入到社会生产生活中,社会发展呈现蓬勃活力。在运行机制层面，坚持"有效市场"与"有为政府"的耦合统一，这既发挥了市场的资源配置优势，激发了各类市场主体的活力和创造力，又弥补了市场的失灵、盲目和无序的天然缺陷。中国式现代化道路坚持社会主义基本经济制度，确保了中国式现代化的方向性、整体性和协调性。

中国式现代化道路坚持发展全过程人民民主。民主必须能够保障最大多数的人民群众持续、真实、全过程地参与到国家和社会治理的公共事务中，而不仅仅是某一节点上"一选了之"。中国式现代化道路坚持发展人民民主，不仅有完整的制度程序，而且有完整的参与实践，是广泛、真实、管用的全过程民主。民主不是装饰品，而是用来解决现实问题的。人民民主强化民主的实效性，具有强烈的现实关怀与问题导向，不仅体现在选举时的投票权利，更重要的是体现在参与管理国家和社会事务的全过程。各种制度化的协商渠道和丰富的协商形式，赋予了人民群众广泛参与民主决策、民主管理、民主监督的权利，确保了人民群众的民主权利能够得到充分的彰显和尊重。实践表明全过程人民民主行得通、很管用，是具有独特优势、真实有效的民主。

中国式现代化道路坚持合作、共赢的开放式发展。任何一个国家的现代化不可能是一个孤立的进程，必然要与他国发生联系。近代以来一些国家在处理本国现代化与他国的关系进程中，将其视为你输我赢的"零和博弈",走上了一条弱肉强食、赢者通吃的霸权主义道路。中国式现代化道路主张以"人类命运共同体"的理念来审视自身与外部世界的关系,要求"在追求本国利益时兼顾他国合理关切,在谋求本国发展中促进各国共同发展",始终坚持合作、共赢的开放式发展。中国式现代化进程是一个和平的进程,仅用几十年时间就取得了现代化建设的辉煌成就,一个重要原因就是牢牢把握和平与发展的时代主题,走出了一条"以合作取代对抗,以共赢取代独占"的现代化之路,展现的是一幅共商、共建、共赢的现代化新图景。习近平总书记指出:"中国人民从来没有欺负、压迫、奴役过其他国家人民,过去没有,现在没有,将来也不会有。"作为人类追求文明进步的全新道路,中国式现代化道路遵循的是求同存异的交往价值观,坚持不以牺牲他国利益为代价来发展自己,旨在推动实现人类社会的整体进步和自身的更好发展,是一条既"各美其美"又"美美与共"的现代化新道路。

知识链接

让国际学术界客观真实地认识中国

政治学既是追求有序公共生活的学问,也是治国理政离不开的思想宝库。当前,中国政治学的一项重要任务,就是基于中国式现代化实践,构建一套充分体现中国特色、中国风格、中国气派的政治学知识体系,打造易于为国际社会所理解和接受的新概念、新范畴、新表述,让国际学术界客观真实地认识中国。

改革开放之初,中国政治学恢复重建。当时,国外政治学理论蜂拥而至,20世纪80年代的"现代化理论",90年代的"自由民主理论",以及进入21世纪之后的具有西方本土经验的"治理理论"被译介到中国。学科重建之初,由于自身知识积累和学术创造能力较为薄弱,译介西方理论成果有一定必要性。然而,

20世纪80年代以后的大量政治学理论，是在美国政治学知识体系主导下进入中国的，并以其概念、框架和方法来解释中国现代化实践，在一定程度上阻碍了学术界对中国问题的独立思考能力。

事实上，通往现代化的道路多种多样，决不只有欧美发达国家一种模式、一条道路、一个标准。习近平总书记指出："一些理论观点和学术成果可以用来说明一些国家和民族的发展历程，在一定地域和历史文化中具有合理性，但如果硬要把它们套在各国各民族头上、用它们来对人类生活进行格式化，并以此为裁判，那就是荒谬的了。"中国政治学研究要真正提出中国问题、给出中国解决方案，就必须立足中国式现代化，努力构建中国政治学标识性概念，通过概念进行概括、分析、判断和推理，进而形成完整而严密的话语体系，在世界学术格局中作出特有贡献。

概念是运用专业学科知识持续不断地进行学术研究的产物，是对事实或理论的概括，是构建话语体系和知识体系的重要基础。当下，中国哲学社会科学界已产生和供给了一批有效的政治学概念。例如，国家治理现代化、全过程人民民主、协商民主、自我革命、大一统政治、使命型政党、服务型政府、贤能政治、有为政府与有效市场、家户制、增量民主等。这些概念是"以中国为中心"和"以中国为方法"而构建的具有解释力的标识性概念，也是中国政治学学术共同体的身份标识。中国政治学研究应在已有成果基础上，立足中国式现代化，将历史、田野和比较带入中国政治学，推动话语体系和知识体系不断丰富更新，以解释"中国之治"的成功实践，实现与西方政治学的有效对话，提升国际话语权。

将历史作为一种方法论视角。中国式现代化道路有着深厚的历史逻辑，它不是凭空产生的，而是从中国历史发展进程尤其是从近代中国的深重苦难中走出来的。将历史作为一种方法论视角，旨在从总体上关注独具中国历史特色的政治史和国家史。钱穆说过，"中国历史自有其与其他国家民族之不同之特殊性，而最显见者却在政治上。亦可说中国民族性擅长政治，故能以政治活动为其胜场。能创建优良的政治制度来完成大一统之局面，且能维持此大一统之局面历数千年之久而不败。直到今天，我们得拥有这样一个广土众民的大国家，举世莫匹，这是中国历史之结晶品，是中国历史之无上成绩"。在中国式现代化研究中回应时代的真问题，体现为在扎实的学术研究中，要有清晰的理论自觉，牢固树立大历史观，增强历史自觉和学术自觉，围绕中国的历史，尤其是中国共产党的历史，产生新的研究范式、研究路径与研究方法，建立自己明确的范畴和路径特性。

将田野带入中国政治学。我们的哲学社会科学有没有中国特色，归根到底要看有没有主体性、原创性。新中国成立70多年来，实现了世所罕见的经济快速发展奇迹和社会长期稳定奇迹，中华民族迎来了从站起来、富起来到强起来的伟大飞跃。实践证明，中国式现代化是植根中国大地、具有深厚中华文化根基、深得人民拥护的，具有强大生命力和巨大优越性，能够持续推动拥有14亿多人口大国进步和发展、确保拥有5000多年文明史的中华民族实现伟大复兴的现代化。中国式现代化有着坚实的实践逻辑，要求我们在田野中发现事实和问题，并进行独立思考，打造标识性概念。中国政治学的标识性概念应该是发现"真实"的知识，扎根中国现代化实践并能够解释中国式现代化道路；它应该是被"相信"的知识，是认识主体所能够把握和相信的；它应当是被"确证"的知识，建立在科学严谨的论证基础上。

在比较的视野中研究中国经验。比较研究既可以是哲学层面的思辨，也可以成为实证政治科学的研究视角。在人类认识复杂世界的过程中，已有的理论概念为政治学学科的构建与发展提供了丰富的理论储备，但社会科学具有民族性色彩，我们对国外的理论、概念、话语、方法，要有分析、有鉴别。将比较的视野带入中国政治学，能够探索和拓展有助于理解和阐释中国实际问题的政治学理论，形成可以与西方理论对话的标识性概念。比较的视野告诉我们，中国式现代化不是单一向度的现代化，而是协调全面发展的现代化，在遵循现代化一般规律的同时，突破了西方现代化发展的单一文明形态，实现了从物的现代化到人的现代化，从经济的现代化到全面的现代化的飞跃。比较的视野，有助于扩展人们对不同政治模式的认识，激发人们去发现和概括关于复杂政治现象的一般理论，从而获得中国政治学的标识性概念。